성령으로 충분한 삶

Experiencing the Holy Spirit

성령으로 충분한 삶

앤드류 머레이 지음 | 채대광 옮김

좋은씨앗

세월이 흘러도 변함없이 좋은 책 6
성령으로 충분한 삶

1판 1쇄 발행_ 2009년 8월 15일
1판 3쇄 발행_ 2013년 5월 10일

지은이_ 앤드류 머레이
옮긴이_ 채대광
펴낸이_ 신은철
펴낸곳_ 좋은씨앗
출판등록_ 제4-385호(1999.12.21)
주소_ 서울시 서초구 효령로 77길 20, 212호(현대ESA, 서초동)
주문전화_ 02-2057-3041 주문팩스_ 02-2057-3042
이메일_ goodseedbook@naver.com
홈페이지_ www.gsbooks.org
페이스북_ facebook.com/goodseedbook
ISBN 978-89-5874-138-1 03230

책값은 뒷표지에 있습니다.
잘못된 책은 바꾸어드립니다.

나를 믿는 자는 성경에 이름과 같이
그 배에서 생수의 강이 흘러나오리라

요한복음 7장 38절

*이 책에서는 개정 개역판 본문을 주로 사용하였고, 다른 역본의 본문이 인용될 경우 출처를 별도로 표기하였습니다.

차례

들어가는 글 _ 9

책을 읽기 전에 _ 11

1장. 우리가 몰랐던 성령의 충만 _ 15

2장. 성령의 충만이 가져오는 영광 _ 26

3장. 성령 충만을 받기 위한 조건 _ 38

4장. 성령의 충만을 누리지 못하는 이유 _ 50

5장. 축복을 가로막는 장애물 _ 62

6장. 축복이 임하는 통로 _ 73

7장. 축복을 지키시는 분 _ 84

8장. 축복 위에 축복을 더하는 법 _ 96

9장. 성령이 온전히 나타나시는 삶 _ 108

10장. 약속을 반드시 이루시는 하나님 _ 121

11장. 축복을 얻는 확실한 길 _ 134

12장. 비밀을 여는 열쇠 _ 146

들어가는 글

성령님에 대해 깊이 연구하고 그분의 충만하심을 우리 삶에서 추구하다보면 우리는 이와 관련한 그리스도의 가르침이 다음과 같은 말씀에 압축되어 있음을 알게 됩니다. "나를 믿는 자는 성경에 이름과 같이 그 배에서 생수의 강이 흘러나오리라"(요 7:38).

그리스도를 향한 우리의 믿음이 너무 연약하다고 생각한 적이 있습니까? 그분을 믿는다는 것은 우리의 온 마음과 생명 그리고 의지를 전적으로 주님께 내려놓는 것임을 알고 있습니까? 그렇다면 이런 일을 위해 성령님의 권능과 임재가 얼마나 중요한지를 새삼 알게 될 겁니다. 하나님의 구속 사역을 온전히 이루신 그리스도가 우리에게 모든 것이 되실 때, 비로소 성령님은 그리스도로부터 흘러나와 우리가 그분을 더 잘 알고 더 온전히 믿을 수 있도록 돕는 복된 사역을 하실 수 있습니다.

히브리서는 우리 믿음의 대상이신 그리스도가 하늘의 영광과 권능을 입고 계신다고 말합니다. 성령님은 이 그리스도의 보혈로 말미암아 지성소로 나아가는 길을 보여주실 뿐만 아니라 그리스도에 대한 믿음으로 우리가 그곳에서 살아가도록 초대하십니다.

그리스도를 알게 하시고 계시된 것을 믿게 하시는 성령님의 사역에 우리의 온 마음을 드리십시오. 그러면 성령님은 우리를 온전히 붙드실 수 있습니다. 그 성령님이 우리 안에 거하시고 우리 안에서 놀라운 일을 행하십니다. "나를 믿는 자는 … 그 배에서 생수의 강이 흘러나오리라."

하나님께서 우리의 위대한 대제사장이며 하늘의 왕이신 그리스도에 대한 단순하고 온전한 믿음 가운데로 우리를 인도해 주시길 기대합니다. 그리하여 우리가 그 영으로 충만한 삶을 살게 되기를 진심으로 소원합니다.

책을 읽기 전에

이 책의 메시지는 매우 단순하면서도 엄중합니다. 교회가 영적으로 탁월한 삶을 살려고 할 때 꼭 필요한 한 가지가 있다면, 바로 '하나님의 영으로 충만해지는 것'입니다.

나는 독자들이 마음을 열어 이 같은 축복을 누릴 수 있도록 하기 위해 먼저 몇 가지 핵심을 제시하고자 합니다.

첫째, 하나님은 그분의 모든 자녀들이 성령님의 다스림 속에서 영원토록 완전하게 살아가기를 원하십니다.

둘째, 그리스도인이나 교회가 그분의 영으로 충만해지지 않고서는 하나님이 원하시는 대로 살거나 사역을 할 수 없습니다.

셋째, 많은 사람들은 그리스도인으로 살면서도 이 축복을 아주 조금밖에 누리고 있지 못하거나 거의 찾고 있지 않습니다.

넷째, 하나님은 이 축복을 주기 위해 기다리고 계십니다. 그렇기에 우리는 믿음 안에서 큰 확신을 품고 이것을 간절히 기대해야 합니다.

다섯째, 자아와 세상은 그리스도께서 마땅히 계셔야 할 그곳에 오지 못하도록 훼방하고 빼앗으려 합니다.

여섯째, 우리가 자신을 주 예수님 앞에 전적으로 내려놓을 준비가 되어 있기 전에는, 즉 귀한 진주를 사기 위해 큰 값을 치르고 모든 것을 희생하지 않는다면, 우리는 성령님으로 충만해질 수 없습니다.

영적이지 못한 것과 죄악된 것이 무엇인가에 대해 교회는 매우 피상적으로 이해하고 있습니다. 그러므로 마음을 기울이고 시간을 투자해 그것을 제대로 살피지 않는다면 이에 관해 하나님이 약속하신 풍성한 진리들이 우리의 소유가 되지 못할 것입니다. 성령의 충만함이 우리에게 필요한 유일한 축복이라는 사실에 대해 나는 여러 방면으로 설명해 왔습니다. 이 한 가지 축복을 소유하려면 우리는 자기가 소중히 여기던 모든 것들과 결별해야 합니다. 성령님이 우리를 사로잡아 온전히 다스리시지 못하는 탓에 그분의 임재와 일하심이 우리에게 거의 나타나지 않는 것입니다. 이렇게 되려면 그것이 왜 필요하며 어떻게 해야 충만히 나타나시며 그 실체가 무엇인지에 관한 영적인 진리들을 알아야 합니다.

그리스도의 교회에게 있어 매일매일은 오순절과 같이 되어야 합니다. 이 축복 없이는 어떤 그리스도인도 하나님의 뜻에 따라 살아갈 수 없습니다. 나는 독자들이 이러한 영적 탁월함을 계속 추구해 나가기 위해 하나님께 간구할 것을 간절히 호소합니다. 주님은 우리의 간구에 반드시 응답하실 것입니다.

사도행전을 보면 성령의 충만하심과 그분의 놀라운 일하심은 언제나 '기도'와 함께 했습니다. 예를 들어 안디옥에서 일어난 일을 떠올려 보십시오. 그리스도인들이 기도와 금식에 전념하고 있을 때, 하나님은 그들이 계시를 받을 준비가 되어 있다고 여기셨고, 그래서 바나바와 사울을 따로 세우라고 명하셨습니다. 그들은 그 후에 한 번 더 금식하고 기도하였으며 성령님은 이 두 사람을 선교지로 보내셨습니다(행 13:2-3). 이 하나님의 종들은 그들에게 필요한 축복은 반드시 위로부터 온다는 사실을 잘 알았습니다.

우리에게 필요한 축복을 얻기 위해 우리는 땅에 속한 삶의 요구들을 과감히 포기할 수 있어야 합니다. 성령님이 우리 안에 거하시고 온전히 다스리시도록 끊임없이 간구하고 낙심하지 말아야 합니다. 거기에 더해 성령님이 교회 안에서 그분의 참된 자리를 얻으시고 모든 일마다 우리 주 예수님의 영광을 드러내시도록 기도해야 합니다. 주님의 말씀을 따라 부지런히 찾고 신실하게 기도하는 심령들에게 하나님은 반드시 응답하실 것입니다.

진실한 기도만큼 사람의 마음을 살피고 깨끗하게 하는 것은 없습니다. 이런 사람들은 스스로에게 다음과 같이 묻습니다. '나는 정말 이것을 얻기 원하는가?' '하나님의 축복을 받기 위해 모든 것을 내려놓을 준비가 되었는가?' '내 입술의 기도만큼 내 삶으로 드리는 기도 역시 진실한가?' '하나님께서 이 초자연적인 선물인 그분의 영을 주실 때까지 나는 하나님을 신뢰하며 잠잠히 그분을 기다릴 수 있는가?'

간절한 호소와 뜨거운 눈물로 하나님 앞에 나아갔던 주님의 사람들과 교회의 일꾼들처럼 우리도 쉬지 않고 기도하며 하나님께 나아갑시다. 기도를 들으시는 하나님을 의지합시다.

주님은 때때로 자신을 숨기시는 분입니다. 그럼에도 불구하고 그분은 우리의 신뢰받기를 원하십니다. 때로는 우리가 전혀 인식하지 못하는 때에도 그분은 매우 가까이 계십니다. 그분은 적절한 때가 언제인지 잘 아십니다. 주님만의 시간이 있습니다. 그러니 비록 늦어지더라도 그분을 기다리십시오. 그분은 반드시 오십니다(합 2:3).

1장. 우리가 몰랐던 성령의 충만

> 아볼로가 고린도에 있는 동안에, 바울은 높은 지역들을 거쳐서, 에베소에 이르렀다. 거기서 그는 몇몇 제자를 만나서, "여러분은 믿을 때에, 성령을 받았습니까?" 하고 물었다. 그들은 "우리는 성령이 있다는 말을 들어보지도 못하였습니다" 하고 대답하였다(행 19:1-2, 새번역).

사도행전 19장 1-2절의 사건은 성령님이 이 땅에 강림하신 지 20년이 지나서 벌어진 일입니다. 전도 여행 중에 에베소에 들른 바울은 그곳에서 그리스도의 교회에 속한 제자들과 이야기하다가 그들의 믿음과 경험에 뭔가 부족한 게 있음을 알게 되었습니다. 그래서 바울은 그들에게 "여러분은 믿을 때에 성령님을 받았습니까?" 하고 물었던 것입니다. 이 질문에 그들은 성령님이 계신다는 말조차 들어보지 못했다고 답했습니다. 그들은 세례 요한의 제자들에게 구약이 예언한 메시아이신 예수님에 대한 믿음으로 회개의 세례를 받았을 뿐, 성령님이 이 땅에 오신 놀라운 사건에 대해, 그리고 그것이 얼마나 중요한 일인지 모르는 상황이었습니다. 그들은 부활하여 하나님 보좌 우편에 계신 구세주에 대한 오순절 설교를 들어보지 못한 지역 출신의 사람들이었던 것입니다.

바울은 그 즉시 그들에게 영광의 주님에 대한 복음을 전했습니다. 주님은 아버지로부터 성령을 받아 그분을 이 땅에 보내심으로써 당신을 믿는 모든 제자들이 성령님을 영접할 수 있도록 하셨습니다. 이 복된 소식을 듣고 기쁨으로 받아들인 이들은 성령으로 세례를 베푸시는 구주의 이름으로 세례를 받았습니다. 바울은 그들에게 안수하고 기도했으며 그러자 그들은 성령님을 받을 수 있었습니다. 이렇게 함으로써 그들은 오순절의 기적에 동참하고 방언을 말하게 되었습니다.

이번 장을 시작하면서 그리스도인에게 나타나는 두 종류의 삶에 대해 잠시 언급하고자 합니다. 그 중 하나는 옛 언약 아래서 살았던 이들처럼, 성령님의 일하심을 어느 정도 경험했지만 그분을 오순절에 임하신 영으로, 그리고 우리 안에 인격적으로 내주하시는 손님으로는 받아들이지 못한 삶입니다. 반면 이보다 더욱 풍성한 삶이 있는데, 그러한 성령의 내주하심에 대해 잘 알고 경험하는 삶입니다. 그리스도인들이 이 두 가지의 차이를 명확히 이해한다면 우리에 대한 하나님의 뜻을 찾을 수 있을 것입니다.

우리 삶에 여전히 죄악과 모순이 가득하다고 고백할 수밖에 없더라도, 이러한 풍성한 삶에 대한 가능성이 있기에, 그리스도인의 공동체는 다시금 오순절의 권능으로 회복될 것을 담대하게 소망할 수 있습니다. 이러한 뚜렷한 차이점을 눈여겨두면서 에베소에서 일어난 이 사건을 자세히 살펴보겠습니다.

능력의 그리스도인으로 살아가는 비결

생명력 있는 그리스도인으로 살아가려면, 성령님이 우리 안에 내주하셔야 한다는 사실을 반드시 기억해야 합니다. 이것은 필수 사항입니다. 그렇지 않다면 바울은 에베소에서 만난 제자들에게 "여러분은 믿을 때에 성령을 받았습니까?"라고 결코 묻지 않았을 것입니다.

이 제자들 역시 믿는 이들이었습니다. 하지만 그들은 이런 신분에 만족하지 않았습니다. 예수님이 지상에 계실 때 함께 했던 제자들 역시 신자들이었지만, 주님은 하늘로부터 그분이 보내시는 성령을 받기 전에는 만족하지 말라고 명하셨습니다. 바울 역시 하늘의 영광을 입으신 주님을 직접 뵈었고 그로 인해 회심에 이르게 되었으면서도, 주님께서 그의 안에서 이루실 영적인 사역이 더 남아 있었습니다. 아나니아가 바울을 찾아가 그가 성령님을 받도록 안수하는 일이었습니다. 그 일이 있고 난 후에야 그는 그리스도의 증인으로 설 수 있었습니다.

이러한 사실을 통해, 우리는 성령님께서 두 가지 방식으로 우리 안에서 일하심을 봅니다. 첫 번째는 예비적인 사역으로서 성령님이 우리 위에(on us) 일하시지만 아직은 우리 안에(within us) 당신의 거처를 정하지는 않으시는 단계입니다. 물론 이를 통해 우리는 회심하고 믿음에 이르게 되며 선하고 거룩한 일을 위해 격려를 받습니다. 두 번째는 보다 높고 발전된 단계인데, 우리가 성령님을 자기 안에 거하시는 선물이자, 내주하시며 우리의 속사람 전체를 책임지시는 존재로 받아들이게 되면서 그분의 일하심을 경험하는 단계입니다. 이것이 온전한 그리스도인을 위한 이상적인 삶입니다.

우리는 어디에 서 있습니까

그리스도의 제자라고 하면서도 이러한 성령님의 내주하심에 대해 아주 조금밖에 알지 못하거나 전혀 모르는 사람도 있습니다. 조금 전 다룬 내용은 정말 중요하므로 반드시 이해해야 합니다. 이 진리를 깊이 확신하면 할수록 지금 우리 시대의 교회가 처한 상황을 더 잘 이해할 수 있고 우리가 어디에 서 있는지 확인하게 될 것입니다.

먼저 사마리아에서 벌어졌던 일을 생각해보면 우리가 지금 이야기하는 상황에 대한 명확한 인식을 할 수 있습니다. 복음전

도자 빌립이 거기서 복음을 전하던 때였습니다. 많은 이들이 인도함을 받아 예수님을 믿었고 그분의 이름으로 세례를 받았으며 그 도시에는 큰 기쁨이 있었습니다. 이 소식을 들은 사도들은 베드로와 요한을 파송했고, 그들이 사마리아로 와서 기도하자 새로운 회심자들은 성령님을 받게 되었습니다(행 8:12-17절을 보십시오). 이 선물은 그들이 회심하고 믿어 기쁨으로 예수님을 구주로 받아들이도록 하시는 성령님의 사역과는 사뭇 달랐습니다. 이는 더 높은 수준의 것이었습니다. 하늘로부터 영광을 입으신 주님께서 성령님을 보내셔서 그 권능으로 우리 안에 당신의 거처를 삼으시고 우리의 마음을 깨끗케 하시고 그곳을 가득 채우시는 것입니다.

이런 새로운 경험이 주어지지 않았다면 사마리아의 제자들은 여전히 그리스도인이면서도 연약한 상태로 남아 있었을 것입니다. 지금 우리 시대에도 이러한 성령님의 선물에 대해 잘 알지 못하는 그리스도인들이 참으로 많습니다. 그들은 선하고 친절하며 열심과 성실함으로 살아가지만, 한편으로는 여전히 자신의 연약함과 넘어짐에 시달리고 실망합니다. 이는 그들이 위로부터 오는 권능과의 생명력 있는 만남을 경험하지 못했기 때문입니다. 그런 심령들은 우리를 온전히 사로잡아 충만케 하시는 오순절의 선물인 성령님을 받지 못한 사람들입니다.

신자를 성령님께 인도하는 사역

신자들을 성령님께 인도하는 사역은 참으로 위대한 복음 사역입니다. 이것은 주님의 큰 목표였습니다. 예수님께서는 3년 동안 제자들을 가르치며 훈련하신 뒤에, 아버지의 약속과 함께 하늘로부터 임하시는 성령님을 받을 수 있게 기다리라고 그들에게 명하셨습니다. 오순절 날 베드로가 행한 설교의 중심 주제도 바로 이것이었습니다. 베드로는 자신의 설교를 듣고 마음에 찔림을 받은 사람들에게, 회개하고 죄사함을 위해 세례를 받으라고 강권했습니다. 그렇게 할 때 그들은 성령님을 선물로 받게 된다고 확신했습니다(행 2:38).

또한 바울이 동료 그리스도인들에게 우리들 각자가 성령님이 거하시는 전이라는 사실을 알지 못하느냐고 물었을 때 그는 이런 사실을 강조하기 원했습니다. 그는 우리가 성령님으로 충만해야 한다는 사실을 재차 상기시켰습니다(엡 5:18을 보십시오).

그렇습니다. 그리스도인인 우리는 그 무엇보다 성령님을 받아야 하며, 그런 후에는 그 사실을 언제나 기억하며 성령님을 따라 살아가야 합니다. 복음 사역자라면 단지 때때로 성령님에 관해 설교하는 것으로 그칠 것이 아니라, 성령님의 내주하심과 끊임없는 사역이 없다면 결코 참된 예배를 드릴 수 없다는 사실을 회중들에게 힘을 다해 가르쳐야 합니다.

성령 충만함을 받게 하려면

신자들을 성령님께 이끌려면 그들 삶에서 무엇이 가장 부족한지를 지적해야 합니다. 바울이 "여러분은 믿을 때에 성령님을 받았습니까?" 하고 물었을 때 의도했던 바가 곧 그랬습니다. 목마른 사람만이 갈급함으로 물을 마실 것이고, 병든 사람만이 의사를 원할 것입니다. 이와 마찬가지로 자신이 영적으로 결점 투성이며 죄악으로 가득 차 있음을 인정하는 신자만이 오순절의 온전한 축복에 관한 말씀을 마음에 받아들입니다.

많은 그리스도인들은 자신이 열심을 내고 힘을 내면 그만이라고 생각합니다. 그렇게만 된다면 그리스도인답게 살아갈 수 있을 거라고 단정하지요. 그러면 온전한 구원에 관한 설교는 설 자리가 없게 됩니다. 보다 고귀한 삶의 길이 열리고 그것을 갈망하게 되는 경우는 오직 한 가지뿐입니다. 자신이 성령님께 올바른 태도를 취하고 있지 못했으며 단지 그분의 예비적인 사역을 맛보았을 뿐 그분의 내주하심에 대해서는 알지 못했음을 깊이 자각할 때가 바로 그런 기회입니다.

이런 자각을 위해서는 "여러분은 믿을 때에 성령님을 받았습니까?"라는 질문을 각 사람에게 예리하고도 개별적으로 던지는 것이 필수적입니다. 이 질문에 대한 사람들의 응답 안에 깊은 찔림과 진심이 있다면 부흥의 날은 멀지 않았다고 볼 수 있습니다.

우리는 사도행전에서 안수하고 기도할 때 성령님을 받는 장면을 종종 접합니다. 부활하신 주님을 직접 만나고 그리스도인으로서 탁월한 인생을 살았던 바울 같은 사람도 아나니아의 안수와 기도로 성령님을 받아야 했을 정도입니다(행 9:17을 보십시오).

이러한 사실을 통해 우리는 복음 사역자와 신자들 중에 다른 이들의 믿음과 용기를 키워주는 통로 역할을 하도록 성령님께서 부르신 자들이 있음을 알 수 있습니다. 연약한 자들은 이런 이들에게 도움을 받아야 합니다. 또한 이런 (통로 역할을 하는) 축복을 가진 사람들은 그렇게 되기를 갈망하는 사람들과 마찬가지로 오직 주님만을 전적으로 의지해야 하며 모든 것을 그분으로부터만 기대해야 함을 한시도 잊어서는 안 됩니다.

성령님이라는 선물은 오직 하나님만이 주십니다. 성령의 기름부으심은 모두 다 위로부터 임합니다. 이때 하나님과의 끊임없는 교제는 필수입니다. 주님께서 이런 축복을 나누어주기 위해 들어 쓰시는 사역자들은 하나님과 직접적이고도 친밀한 교제를 누려야 합니다. 모든 좋은 선물들은 다 위로부터 옵니다. 이러한 진리를 믿을 때 우리는 오순절의 축복이 온전히 이루어질 것에 대한 확신을 품을 수 있습니다. 그리고 성령님의 인도하심을 따르는 삶이 실현되리라는 즐거운 소망을 가질 수 있습니다.

교회에 필요한 성령 충만한 증인들

이러한 축복을 우리 것으로 선포하고 소유할 때 그리스도의 공동체는 초대 교회에 임했던 오순절의 권능을 회복할 수 있습니다. 제자들이 오순절에 '다른 방언으로' 말하고 예언했던 것은 성령님으로 충만했기 때문이었습니다. 그로부터 20년이 지난 후 에베소에서도 그와 같은 기적이 다시 목격됩니다. 성령님이라는 영광스러운 선물이 눈앞에 생생하게 나타난 것입니다. 우리가 확신하는 바는 이렇습니다. 성령님을 모셔들이고 그분으로 충만해진다는 이 놀라운 진리가 선포되고 소중히 여겨지는 곳에서 오순절에 시작되었던 복된 공동체 생활이 온전히 회복된다는 것입니다.

오늘날에는 교회에 점차 능력이 사라져간다는 소식을 자주 접합니다. 여러 은혜의 방편들이 늘어나고 있음에도 불구하고 신자들에게는 구원의 능력이 보이지 않고, 회심을 촉구하는 설교에서도 사람들을 회개케 하는 능력을 찾을 수 없습니다. 교회는 세속적이고 불신앙적인 삶에 대해 별다른 갈등조차 하지 않습니다.

이러한 책망은 정당한 것입니다. 만일 하나님의 자녀들이 이러한 진단에 귀 기울인다면, 하나님의 말씀이 가르치는 위대한 진리에 자신을 던질 수 있을 것입니다. 그리스도인의 교회가 오순절에 임한 축복을 온전히 신뢰하게 될 때 성도들은 다시 힘을 회복하고 믿음의 선진들처럼 사역하게 될 것입니다.

우리에게는 세례 요한처럼 예수님을 증거하는 목회자와 교사들이 더 많이 필요합니다. 세례 요한은 주님이 성령으로 세례를 주시는 분이라고 외쳤습니다. 이처럼 성령의 사역에 대해 자신을 살아 있는 증거물로 드리는 사역자들만이 사람들의 마음을 파고들어 흔들어놓을 수 있는 말씀을 전할 수 있습니다. 처음 제자들이 성령의 세례를 받은 것은 그들이 무릎을 꿇고 함께 모여 기도할 때였습니다. 이렇게 하여 그들은 다른 사람들에게도 그 권능을 나누어주는 자들이 되었습니다. 오늘날에도 우리 역시 간구의 무릎을 꿇을 때 이러한 역사가 일어날 것입니다. 그러니 하나님께서 허락하시는 충만한 축복을 기다리면서 이와 같은 자세로 살아갑시다.

이렇게 묻겠습니다. "여러분은 믿을 때에 성령님을 받았습니까?" 하나님은 우리가 성령으로 충만해지고 오순절의 복을 가득 누리기를 진심으로 바라십니다. 이것은 우리를 향한 하나님의 뜻입니다. 이 질문에 비추어 주님 앞에서 자신의 삶과 사역을 평가해보십시오. 그리고 하나님께 정직하게 대답하십시오.

우리에게 부족한 것이 있다고 하여 주님 앞에 정직하게 고백하기를 두려워해서는 안 됩니다. 그 축복이 무엇이며 어떻게 자신에게 임하는지 다 이해하지 못했을지라도 뒤로 물러서지 마십시오. 초기의 제자들 역시 주님께 자신의 불쌍한 처지를 호소하고, 기도와 간구를 드리며 기다렸습니다.

자신에게 무엇이 부족한지 마음 깊이 깨닫고 하나님께서 허락하시는 복을 얻고자 간절히 바란다면 그것을 얻기 위해 다른 모든 것을 기꺼이 내려놓으십시오. 내어드리고 포기하고 희생하십시오. 그러할 때 우리는 예루살렘과 사마리아, 가이사랴 그리고 에베소에서 일어났던 놀라운 일들이 재현되리라는 확신을 얻게 될 것입니다. 우리는 성령님으로 충만해질 수 있고 능히 그렇게 될 것입니다.

2장. 성령의 충만이 가져오는 영광

"그들은 모두 성령으로 충만하게 되어서…"(행 2:4, 새번역).

성령 충만에 대해 말할 때마다, 그리고 성령 충만이 정확히 무엇인지 알고 싶을 때마다 우리는 늘 오순절을 생각합니다. 성령님으로 말미암아 하늘로부터 내려온 그 축복은 얼마나 영광스러웠을까요.

그런데 오순절의 이 놀라운 사건은 그 영광스러움 이면에 담긴 또 다른 교훈을 우리에게 제공합니다. 그날 성령님으로 충만했던 제자들을 생각해보십시오. 3년 동안 주 예수님과 함께 했던 그들이 과연 어떤 사람들이었는지 우리는 속속들이 알고 있습니다. 그들의 연약함과 결점, 죄와 고집스러움에 대해 우리는 익숙합니다.

하지만 오순절의 축복은 이런 그들을 완전히 바꾸어놓았습니다. 그들은 완전히 새 사람이 되었습니다. 사람들은 이런 제자들을 보고 "누구든지 그리스도 안에 있으면 새사람이 됩니다. 더 이상 전과 같은 인간이 아닙니다. 새로운 인생이 시작된 것입니다"(고후 5:17, 현대어성경)라고 말할 수 있을 정도였습니다. 이들의 삶과 변화된 모습을 자세히 들여다보면 우리에게 적잖은 도움이 됩니다.

우선 성령님께서 얼마나 연약하고 부족한 사람들에게 찾아오셨는지 알 수 있습니다. 또한 이런 그들이 어떻게 축복을 받는 그릇으로 준비될 수 있었는지 배울 수 있습니다. 가장 중요한 사실은, 성령님이 우리에게 충만히 임하셨을 때 얼마나 강력하고 완전한 변혁이 일어나는지 깨달을 수 있습니다. 오순절의 축복을 통해 임하는 영적인 탁월함을 누리며 살고자 애쓰는 자들을 위해 예비된 은혜가 얼마나 영광스러운지 알 수 있습니다.

내주하시는 그리스도

오순절의 성령 충만으로 비롯된 삶에서 가장 중요한 축복을 꼽으라면 주 예수님이 우리 안에 영원토록 임재하고 내주하신다는 것입니다. 주님은 이 땅에 계시면서 제자들을 가르치고 훈련하며 새롭게 하여 거룩하게 빚어가시는 일에 어떤 수고도 마다하지 않으셨습니다. 하지만 대부분의 경우 제자들은 그 모습 그대로였습니다. 왜 그랬을까요? 우리가 지금까지 논의한 바에 비추어 말하자면, 제자들에게 있어 주님은 단지 자신들과 전혀 다른 그리스도이셨을 뿐이고, 그들은 단지 그분의 말씀을 듣고 개인적으로 감화를 받아 주님을 따르려 했기 때문입니다.

하지만 오순절의 도래와 함께 이러한 상황은 완전히 달라졌습니다. 성령님 안에서, 예수님은 그들에게 생명이 되시기 위해 내주하시는 그리스도로 오셨습니다. 주님은 이에 관해 이렇게 약속하신 바 있습니다. "내가 너희를 고아와 같이 버려두지 아니하고 너희에게로 오리라 … 그 날에는 내가 아버지 안에, 너희가 내 안에, 내가 너희 안에 있는 것을 너희가 알리라"(요 14:18, 20).

오순절에 임하는 모든 축복의 근원은 바로 내주하시는 그리스도입니다. 십자가에 못 박히신 예수 그리스도는 제자들에게 친밀하고 전능한 방식으로 임재하시기 위해 영적인 권능을 입고 그렇게 오십니다. 이 땅에 육체로 자신들과 함께 계셨고, 이제는 하늘의 영광을 입으신 주님을 그들은 성령님으로 받는 것입니다. 그들 가까이에 눈에 보이는 예수님을 모시는 대신, 그들 안에 내적인 예수님을 받아들이게 되었습니다.

이러한 가장 중요한 축복에서 두 번째의 복이 흘러나옵니다. 그들 안으로 오신 예수님의 영은 그들의 생명이 되시기 위해, 그리고 그들을 거룩하게 하는 능력으로 오셨다는 사실이 그것입니다. 예를 들어, 주님은 여러 차례 제자들의 교만을 책망하시고 그들에게 겸손을 가르치셨습니다. 하지만 제자들에게는 소용이 없었습니다. 심지어 주님의 공생애 마지막 날 밤에, 성만찬 자리에서조차도 누가 큰 자인가 하는 문제로 다툼을 벌였습니다(눅 22:24).

눈에 보이는 예수님의 외적인 가르침으로는 내재하는 죄의 권세로부터 그들을 구해내기에 충분치 않았습니다. 물론 그러한 가르침은 다른 식으로 그들에게 영향을 주었을 테지만 말입니다. 이것은 오직 내주하시는 그리스도께서 이루시는 일입니다. 예수님께서 성령님에 의해 그들 안으로 들어오셨을 때 그들은 완전한 변화를 경험했습니다. 그들은 하늘에 속한 겸손함으로 아버지께 순종하시고 사람들을 위해 자신을 전부 드리신 주님을 비로소 받아들인 것입니다. 그 이후로 모든 것이 달라졌습니다. 그 시간부터 제자들은 온유하고 겸손하신 예수님의 영에 의해 움직이는 사람들이 되었습니다.

많은 그리스도인들은 단지 십자가에 못 박히신 외적인 그리스도에만 마음이 사로잡혀 있습니다. 그들은 오순절의 축복으로 그분이 우리 안으로 들어오셨음을 이해하지 못한 채 그저 주님의 외적인 가르침과 사역에 따른 복을 기다립니다. 그들이 성화에서 거의 진전을 이루지 못하는 이유가 바로 이것 때문입니다. 그리스도께서 우리에게 거룩함이 되셨음을 알아야 합니다(고전 1:30).

사랑으로 가득한 삶

하나님의 사랑이 마음에서 흘러넘치는 삶은 오순절 성령 충만으로 우리가 누릴 수 있는 또 다른 축복입니다. 주님은 교만에 이어 사랑의 결핍으로 인한 죄에 대해서도 제자들을 여러 번 책망하셨습니다. 이 두 가지 죄의 뿌리는 사실 동일한데, 바로 자신만을 기쁘게 하려는 욕망입니다. 주님은 제자들에게 "서로 사랑하라"는 새 계명을 주셨습니다. 그러면 모든 사람들이 그들이 주님의 제자라는 사실을 알게 된다고 하셨습니다.

오순절에 임하신 주님의 성령은 하나님의 백성들의 마음에 당신의 사랑을 한껏 부어주시는 것으로 그분의 영광을 밝히 드러내셨습니다. 믿는 수많은 무리들이 다 한 마음, 한 영혼이 되었습니다. 그들은 소유한 모든 것을 함께 나누었습니다. 어느 누구도 자신의 것을 주장하지 않았습니다. 사랑의 생명으로 가득한 하늘 왕국이 그들에게 임했던 것입니다. 제자들 안에 들어오신 예수님께서 그 영과 놀라운 사랑으로 그들을 가득 채우셨습니다.

사랑의 삶은 성령님의 강력한 사역과 주 예수님의 내주하심을 하나로 묶습니다. 에베소 성도들을 향한 바울의 기도에 이것이 잘 드러납니다. 그는 성도들이 성령으로 말미암아 권능으로 강해지게 해달라고 구하면서, 그렇게 될 때 그리스도께서 그들의 마음에 거하시게 된다고 말합니다. 그런 후에 그는 재빨리 다음과 같은 기도를 덧붙입니다. "너희가 사랑 가운데서 뿌리가 박히고 터가 굳어져서 능히 모든 성도와 함께 지식에 넘치는(지식을 초월하는) 그리스도의 사랑을 알고"(엡 3:17, 18).

성령님으로 충만해지고 그리스도께서 내주하시게 되면 사랑 안에서 뿌리를 내리고 기뻐하며 능력이 나타나고 그 증거가 드러납니다. 왜냐하면 그리스도가 바로 사랑이시기 때문입니다. 이렇듯 성령으로 충만해지는 삶이 아버지께서 우리에게 약속하신 축복임을 절실히 깨닫는다면, 하나님의 사랑이 교회 안에 가득해질 것이며 세상은 교회 안에 하늘에 속한 풍성한 것들이 있음을 확실히 알게 됩니다.

선을 행할 용기와 능력

우리는 베드로가 어떻게 주님을 부인했는지, 그리고 제자들이 어떻게 주님을 버리고 도망갔는지 알고 있습니다. 물론 그들의 마음은 진실로 주님께 붙들려 있었고 자기들이 약속한 대로 그분과 함께 기꺼이 죽을 각오가 되어 있었습니다. 하지만 실제로 위기가 닥치자 그들은 어떠한 용기도, 능력도 발휘하지 못했습니다. 제자들이 오순절에 임한 성령님을 체험한 뒤에야 그들의 선한 의지는 순종으로 이어질 수 있었습니다. 우리 안에 내주하시는 그리스도를 힘입을 때 하나님은 우리에게 소원도 주시고 그것을 행할 힘도 주십니다.

오순절에 베드로는 적대적인 수천 명의 유대인들에게 예수님을 증거했습니다. 그는 종교 지도자들의 반대에 맞서며 "사람보다 하나님께 순종하는 것이 마땅하니라"(행 5:29)고 담대하게 말할 수 있었습니다. 스데반과 바울, 그리고 많은 제자들이 위협과 고난, 심지어 죽음까지도 담대하고 기쁘게 맞이했습니다. 승리자이신 그리스도의 영 — 영광을 받으시고 이제는 그들 안에 거하시는 그리스도 그분 — 이 그들과 함께 했기에 이렇게 당당한 모습을 보일 수 있었습니다. 오순절의 축복으로 인한 기쁨을 맛본 사람들에게는 예수님을 증거할 용기와 능력이 생깁니다. 온 마음이 그분으로 채워져 있기 때문입니다.

오순절의 축복은 하나님의 말씀을 새롭게 합니다. 우리는 제자들의 경우에서 이 사실을 명확히 봅니다. 당시 유대인들이 그랬던 것처럼 메시아와 하나님의 왕국에 대한 그들의 생각은 외적이고 세속적이었습니다. 주님께서 3년이나 그들을 가르치셨지만 제자들의 고정관념은 변하지 않았습니다. 그들은 고난 받고 죽어야 하는 메시아에 대한 말씀을 이해하지 못했고, 하나님께서 보이지 않게 다스리시는 영적인 왕국도 기대하지 못했습니다. 심지어 그분이 부활하신 후에도, 그들은 믿지 않으려는 마음과 성경을 이해하지 못하는 무능력 때문에 주님께 책망을 받아야 했습니다.

그러다가 오순절이 도래하면서 모든 것이 달라졌습니다. 그들이 오랫동안 보아왔던 성경 말씀이 눈앞에서 열리기 시작했습니다. 제자들 안에 계신 성령의 빛이 말씀을 비추기 시작한 것입니다. 베드로와 스데반의 설교나 바울과 야고보가 증거한 말씀을 보면 하나님의 신적인 빛이 구약 성경에 비추셨음을 알 수 있습니다. 그들은 자기들 안에 거하시는 예수님의 영을 통해 이 모든 것을 보았습니다.

이것은 우리에게도 동일하게 적용됩니다. 우리는 성경을 주의 깊게 묵상하고 하나님의 말씀을 우리의 생각과 마음, 그리고 매일의 삶 속에 잘 간직해야 합니다. 하지만 우리가 오직 성령님으로 충만할 때만 영적인 권능과 하나님의 진리를 온전히 이해할 수 있다는 점을 잊지 말아야 합니다. 그분은 '진리의 영'이십니다. 우리 안에 거하시는 그분만이 우리를 모든 진리 가운데로 인도하십니다.

사람들을 축복하는 힘

부활하여 하늘에 오르신 예수님은 죄를 회개하도록 돕고 용서하는 신적인 권능을 그 종들을 통하여 직접 베푸십니다. 그러므로 예수님을 통한 회개와 죄 용서를 선포하고 사람들의 영혼을 구해내려는 복음 사역자들은 반드시 예수님의 영의 권능을 덧입어야 합니다. 회심과 죄 용서에 대한 많은 설교에 열매가 없는 이유는 이러한 진리의 요소들이 단지 교리로만 제시되기 때문입니다.

어떤 설교자들은 인간적인 열정과 논리, 그리고 웅변술로 청중들의 마음을 사로잡으려 합니다. 하지만 이런 방법으로는 복을 얻지 못합니다. 내주하시는 그리스도의 성령으로 충만케 되기를 간절히 소원할 때 영광의 주님께서 설교자를 통해 직접 말씀하시고 일하십니다. 그런 설교자는 늘 같은 식으로는 아니더라도 오순절의 성령으로부터 축복을 얻습니다.

하나님의 말씀을 전하고 매일 그리스도의 종으로 살아가는 이들이 오순절의 온전한 축복을 누리게 된다면 그는 다른 사람에게 복을 나누어주는 자로 살아갈 것이 확실합니다. 예수님은 말씀하셨습니다. "나를 믿는 자는 성경에 이름과 같이 그 배에서 생수의 강이 흘러나오리라"(요 7:38). "이는 그를 믿는 자들이 받을 성령을 가리켜 말씀하신 것"(39)입니다. 그 영으로 충만한 마음에서 성령님이 넘쳐 흘러나올 것입니다.

오순절의 축복이 교회에 임해야만 교회는 하나님이 원하시는 모습이 될 수 있습니다. 우리는 지금까지 성령님이 개별적인 신자들 안에서 어떤 일을 하시는지 살펴보았습니다. 자, 그렇다면 교회 전체가 부르심을 따라 성령님으로 충만하여 세상에 그 생명과 권세 그리고 주님의 임재를 드러내게 된다면 어떤 일이 벌어질지 생각해보십시오. 우리는 개인적으로 자신을 위해 이 축복을 구하고 받아야 할 뿐 아니라, 주님의 몸인 교회로서도 함께 성령님을 받아들여야 합니다. 그 전까지는 이 축복이 완전히 나타나지 않는다는 사실을 명심하십시오. "만일 한 지체가 고통을 받으면 모든 지체가 함께 고통을 받고 한 지체가 영광을 얻으면 모든 지체가 함께 즐거워하느니라"(고전 12:26).

만일 그리스도의 교회에 붙어 있는 많은 지체들이 이 축복을 누리지 않고 사는 데 만족한다면 교회 전체는 고통을 받게 됩니다. 그리고 제자들 개별적으로도 이 축복은 온전히 나타나지 못합니다. 그러므로 우리는 성령으로 충만해지는 것이 단지 우리 자신만을 위한 것이 아니라 교회 전체를 위한 것임을 분명히 자각해야 합니다. 이것은 우리가 감당해야 할 정말 중요한 일이기도 합니다.

우리 교회를 돕는 유일한 길

오순절 날 아침에 일어난 일을 떠올려 봅시다. 그 당시 예루살렘에 있던 그리스도의 교회는 120명의 제자들로 이루어져 있었습니다. 그들 대부분은 가난하고 배우지 못한 어부들과 세리들, 비천한 여인들처럼 하찮고 멸시받던 무리들이었습니다. 이 사람들에 의해 하나님의 왕국이 선포되고 확장되어야 했습니다. 그리고 이들은 그 일을 해냈습니다.

그들은 유대인들의 편견과 이방인들의 완고함을 극복했으며 그리스도의 교회는 영광스럽게 승리했습니다. 최초의 그리스도인들이 성령님으로 충만했기 때문에 이처럼 엄청난 결과가 나온 것입니다. 이것이 단순하면서도 유일한 이유입니다. 교회의 지체들은 자신들을 전적으로 주님께 드렸습니다. 그들은 오직 그분에 의해 채워지고 거룩해지며 다스림 받고 사용되도록 내어드린 것입니다. 그분 능력의 도구가 되도록 자기를 내려놓았습니다. 주님은 그들 안에 거하시고 그들을 사용하사 기이한 행적을 이루셨습니다.

우리 시대의 교회는 이와 동일한 경험을 누릴 수 있어야 합니다. 이것이 죄 그리고 세상과 싸우고 있는 교회를 돕는 유일한 길입니다. 교회는 반드시 성령으로 충만해야 합니다.

사랑하는 그리스도인 형제자매여, 이것이 우리와 주님의 온

교회에 주어진 소명입니다. 이것이 우리에게 필요한 한 가지입니다. 우리는 성령님으로 충만해야 합니다. 이 막중한 부르심을 찾으며 발견하기 전에는 성령으로 충만해야 한다는 나의 호소를 전부 이해한다고 생각해서는 안 됩니다. 이 일에 있어 그분을 의지하는 자들에게 하나님은 상상할 수 있는 것보다 더 많은 일을 행하십니다. 우리는 그 행복을 맛보아야 하며, 개인적인 경험을 통해 마음속에 예수님을 모시는 축복을 알아야 합니다. 그렇게 한다면 거룩과 겸손의 영이요, 사랑과 희생의 영이며, 용기와 권능의 영이신 성령님이, 마치 우리의 영으로 느껴질 정도로, 자연스럽게 다가오실 것입니다.

하나님의 말씀이 우리 안에 있을 때, 우리는 그 말씀을 다른 이들에게 나누어줌으로써 축복할 수 있습니다. 그리고 그리스도의 교회가 오순절의 영광을 다시금 재현하는 것을 보기 원한다면, 우리는 자신을 모든 악으로부터 분리시키고 마음에서 쫓아버려야 합니다. 그러고 나서 오직 한 가지, 즉 하나님의 영으로 충만히 채워지는 것을 간절히 사모해야 합니다. 성령 충만은 우리가 당연히 누릴 상속입니다. 믿음으로 받아들이고 굳게 붙잡으십시오. 분명 우리에게 허락될 것입니다.

3장. 성령 충만을 받기 위한 조건

"너희가 나를 사랑하면 나의 계명을 지키리라 내가 아버지께 구하겠으니 그가 또 다른 보혜사를 너희에게 주사 영원토록 너희와 함께 있게 하리니 그는 진리의 영이라"(요 14:15-17).

나무는 언제나 땅에 심겨진 씨앗의 본성대로 자랍니다. 살아 있는 모든 것들도 태어날 때 주어진 본성에 따라 좌우되고 다스림 받습니다. 교회는 어떠한가요? 교회는 이 땅에 태어나는 날에 약속을 받았습니다. 성령님이 교회를 자라게 하시겠다는 약속이었습니다. 그러므로 우리는 될 수 있는 한 자주 오순절로 되돌아가, 그날 하나님께서 자기 백성들을 위해 행하신 일을 철저히 이해하고 받아들이고 경험하기 위해 끊임없이 애써야 합니다. 당시 제자들의 마음은 성령님을 받아들일 준비가 되어 있었습니다. 지금 우리가 동일한 축복을 누리기 위해 무엇을 해야 하는지는 자명합니다. 우리는 성령님으로 충만해지기 위해 그 처음 제자들을 본받아야 합니다.

어떻게 해서 제자들은 하늘에 속한 선물을 받을 수 있었을까요? 그들은 어떻게 하나님이 거하실 수 있는 합당한 그릇이 되었을까요? 이 질문에 대한 적절한 답변을 통해 우리는 성령님으로 충만한 삶을 사는 데 도움을 얻을 수 있습니다.

예수님께 붙어 있으십시오

제자들은 주 예수님께 꼭 붙어 있었습니다. 하나님의 아들이신 예수님은 아버지와 함께 누리던 거룩한 생명을 사람들과 함께 나누기 위해 이 세상에 오셨습니다. 이렇게 해야 하나님의 생명이 피조물의 생명 속으로 들어올 수 있었습니다. 주님은 순종, 죽음, 부활로 이어지는 구원 사역을 완성하심으로 하나님의 보좌에까지 높아지셨습니다. 이 모든 일은 그분의 제자들과 교회가 영적 권능을 덧입고 주님의 생명을 함께 나눌 수 있게 하기 위함이었습니다. 그런데 요한복음 7장 39절은 "예수께서 아직 영광을 받지 않으셨으므로 성령이 아직 그들에게 계시지 아니하시더라"고 말합니다. 다시 말해, 예수님이 하늘의 영광 가운데로 되돌아가신 후에야 하나님께서 사람 안에 완전히 내주하시도록 성령님이 오실 수 있었습니다. 제자들은 오순절에 이르러 영광스럽게 되신 예수님의 영을 받았으며 그분의 영은 주님의 몸 된 모든 지체들을 충만히 채우셨습니다.

성령님은 예수님 안에 충만히 거하셨습니다. 그러므로 위로자 성령님을 온전한 선물로 받으려면 가장 먼저 주님과의 친밀한 관계가 있어야 합니다. 주 예수께서 제자들과 친밀한 교제를 나누신 것은 이러한 목적 때문이었습니다. 주님은 그들과 늘 함께하셨습니다. 그리고 제자들이 주님에게 늘 붙어 있기를 원하셨습니다. 또한 할 수 있는 한, 제자들이 주님과 온전한 연합을 이루기를 바라셨습니다. 그 지식과 사랑, 순종에 있어서 그들은 내적으로 그분과 연결되어 갔습니다. 그분의 영광의 영에 참예하려면 이런 부분이 준비되어야 했습니다.

우리가 여기서 배우는 교훈은 무척 간단하지만 참으로 중요한 의미가 있습니다. 많은 그리스도인들이 주님을 믿고 그분을 섬기는 데 열심을 내며 거룩해지려고 열망하지만 이러한 그들의 노력은 늘 실패하고 맙니다. 그들은 성령님이 오신다는 약속이 얼마나 엄청난 축복인지 이해하지 못한 것 같습니다. 성령님으로 충만해진다는 생각은 그들에게 별다른 영향을 미치지 못하고 있습니다.

그 이유는 명백합니다. 그분을 내적으로 깊이 사모하게 되는, 주 예수님과의 개인적인 관계가 부족하기 때문입니다. 그들에게는 또한 주 예수님을 최고의 가까운 친구요, 사랑받는 주님으로 여기는 것도 자연스럽지 않습니다. 이런 것들은 제자들에게서 응당 나타나야 할 특징인데 말입니다. 이런 것들이 없이는 진정 아무 것도 이루어지지 않습니다. 오직 주 예수님께 사로잡혀 전적으로 그분에게 붙어있고 그분을 의지하는 마음속에만 성령님이 충만히 거하시기 때문입니다.

예수님을 위해 전부를 버리십시오

"세상에 공짜는 없다." 이 속담은 깊은 진리를 담고 있습니다. 내가 무언가를 얻기 위해 아무것도 지불하지 않았지만 그럼에도 불구하고 결국 더 많은 것을 대가로 치르게 될 수도 있다는 말입니다. 무언가를 공짜로 얻게 되었다면 그것을 준 사람에게 빚을 지게 되는 셈이고, 그래서 정당한 가격 이상의 것을 지불해야 할 수도 있습니다. 혹은 그것을 사용하거나 계속 내 것으로 유지하는 데 드는 어려움 때문에 원래 지불해야 할 비용 이상을 치러야 하는 경우가 생길 수도 있습니다. "세상에 공짜는 없습니다."

이 교훈은 천국의 삶을 사는 우리에게도 유익합니다. 비싼 값을 치르고 구입한 진주 비유와 밭에 감추인 보화 비유는 이 교훈과 맥이 닿아 있습니다. 우리는 우리 안에 하나님나라를 소유하기 위해 우리의 소유 전부를 팔아야 합니다. 예수님도 자기를 따르는 제자들에게 말 그대로 이러한 자기 포기를 요구하셨습니다. 주님은 "너희 중의 누구든지 자기의 모든 소유를 버리지 아니하면 능히 내 제자가 되지 못하리라"(눅 14:33)고 반복해 말씀하셨습니다.

우리는 서로 맹렬히 충돌하는 두 세계 사이에 끼여 살아가고 있습니다. 우리가 몸을 담고 살아가는 이 세상은 영향력이 너무 막강해서 우리는 종종 이 세상으로부터 한 걸음 물러나야 할 때가 있습니다. 그리고 예수님은 제자들이 하늘에 속한 세상을 갈망하도록 훈련시키셨습니다. 그렇게 할 때에만 예수님은 제자들이 온 마음으로 하늘에 속한 선물을 갈망하고 받을 수 있도록 준비시키실 수 있었기 때문입니다.

예수님은 우리가 세상에 대해 얼마나 많은 것들을 버려야 하며 어떤 식으로 그렇게 해야 하는지에 대해서는 구체적으로 알려주지 않으셨습니다. 단지 주님은 그러한 희생 없이는, 즉 자신을 세상과 단절시키지 않고서는 은혜의 진보를 결코 이룰 수 없다고 말씀하셨습니다. 그러나 우리는 이 세상의 영에 너무나 깊이 오염돼 있는 탓에 이 진리를 깨닫지 못합니다. 우리는 세상의 것들이 성령 충만함에 결코 이르게 하지 못한다는 사실을 알지 못한 채 단지 위안과 즐거움을 구하며 자기를 기쁘게 하고 자기를 높이는 일에만 몰두합니다.

성령님이 속한 하나님의 나라로 충만해지려면 우리는 최초의 제자들을 본받아, 이 세상의 자녀들과 세속적인 신앙인들로부터 반드시 자신을 철저히 분리시켜야 합니다. 우리는 이 땅에 발을 딛고 선 하나님 나라의 백성들로서 세상과는 전적으로 다르게 살아야 합니다. 이는 우리가 하나님 나라의 왕의 영을 받을 자이기 때문입니다.

자기를 포기하십시오

우리에게는 두 종류의 막강한 원수가 있습니다. 마귀는 이 원수들을 앞세워 우리를 유혹하고 대적합니다. 그 중 하나는 우리 밖에 있는 세상이고 다른 하나는 우리 안에 있는 자아입니다. 그런데 후자인 자기 중심적인 자아가 전자보다 훨씬 더 위험하고 강력합니다. 따라서 어떤 사람이 이 세상을 버리는 일에는 엄청난 진보를 이루면서도, 자기 안에서는 자아에 완전히 지배당할 수 있습니다.

제자들의 경우를 보면 이 사실을 명확히 알 수 있습니다. 베드로가 "보소서! 우리가 모든 것을 버리고 주님을 따랐습니다"라고 했을 때 그 말은 사실이었습니다. 하지만 그의 자기 중심적인 자아는 여전히 그를 사로잡고 있었습니다. 그는 자기를 기쁘게 했고 자기 확신으로 가득했습니다.

주님은 그들이 외적인 소유를 다 포기하고 자기를 따르도록 이끄셨습니다. 또한 제자들이 자기를 부인하고 자기 생명을 잃을 때만 주님의 생명을 얻을 수 있다고 가르치기 시작하셨습니다. 우리가 자기 생명을 사랑한다면 주님은 우리 안으로 들어와 그분의 일을 행하시지 못합니다. 이기적인 자아로부터 탈출하는 일은 세상을 버리는 것보다 더 많은 대가를 치러야 합니다. 이기적인 자기 사랑은 죄인인 우리에게 있는 본성입니다. 우리는 오직 자기로부터 죽을 때에만 자유를 얻을 수 있습니다. 먼저 자기를 대하여는 죽고 하나님으로부터 오는 새 생명의 능력으로 살아가야 합니다.

세상을 버리는 일은 주님과 함께했던 3년 제자 생활의 초반부터 시작되었습니다. 그리고 3년이 끝나갈 무렵, 예수께서 못 박히시면서 자아에 대해 죽는 일이 처음으로 일어났습니다. 주님이 아무 힘없이 죽으시는 모습을 보면서 그들은 자신에 대해서 그리고 그들이 이전에 소망으로 쌓아왔던 모든 것에 대해 절망하는 법을 배웠습니다. 주님께 대해 가졌던 생각과 그분이 스스로를 구원하실 것이라는 기대, 주님께 충성스럽지 못했던 자신들의 모습 등 모든 것들에 대해 그들은 절망하고 말았습니다. 그들은 이러한 절망으로 자기들의 완고한 마음이 부서지고 자아와 자기 확신이 죽는다는 사실을 알지 못했습니다. 하지만 이로써 그들은 전적으로 새로운 것, 즉 영혼 가장 깊숙한 곳에, 영광을 입으신 예수의 영을 통해 주어지는 하나님의 생명을 받을 수 있었습니다.

오, 이제 우리는 자신을 은밀히 의지하는 것만큼 영적 성장을 방해하는 것은 없다는 사실을 배웠습니다. 반면, 우리 자신에 대해서와 지상 위의 모든 것들에 대해 완전히 절망하고 포기하는 것보다 더 축복을 가져다주는 것도 없습니다. 이런 상태는 우리의 마음을 돌려 전적으로 하늘을 향하게 하고 하늘에 속한 선물에 참예할 수 있도록 하기 때문입니다.

굳게 붙들고 기다리십시오

제자들은 주 예수님께서 주신 성령에 대한 약속을 굳게 붙들었습니다. 지상에 계시던 마지막 순간에 예수님은 자신이 떠난다는 소식을 듣고 슬픔에 빠진 제자들에게 놀라운 약속으로 위로하십니다. 그것은 바로 하늘로부터 성령님을 보내겠다는 영광스러운 약속이었습니다. 성령님이 오시면, 그분이 육신을 입고 그들과 함께 계실 때보다 훨씬 더 나은 축복, 곧 주님의 구속으로 인한 풍성한 열매와 권세가 그들에게 주어질 것입니다. 주님이 아버지와 함께 나누셨던 거룩한 생명이 그들 안에 내주하게 되고, 그들은 자신들이 그분 안에, 그분이 자신들 안에 있게 될 것을 알게 됩니다. 주님은 승천하시기 전 감람산에서 행한 마지막 가르침에서 이러한 성령에 관한 약속을 주셨습니다.

물론 제자들은 이 약속이 무엇을 뜻하는지 아는 바가 없었습니다. 그럼에도 그들은 약속을 굳게 붙들었습니다. 아니 오히려 그 약속이 그들을 견고하게 붙잡고 놓지 않았다고 해야 옳을 것입니다. 그들에게는 오직 한 가지 생각뿐이었습니다. '우리 주님께서 뭔가를 약속하셨구나. 그 약속은 우리에게 하늘에 속한 그분의 권능과 영광을 허락하실 거야. 우리는 그것이 곧 오리라는 것을 확실히 알고 있지.' 하지만 그것이 무엇이고 어떤 경험이 될 것인지에 대해서는 알지 못했습니다. 그저 주님이 말씀하셨다는 것으로 그들은 족했습니다. 주님은 그 약속이 제자들 안에서 실현되도록 하실 테니까요.

지금 우리에게도 제자들의 이런 자세가 필요합니다. 성령께서 하늘 보좌로부터 영광스러운 생명의 권능으로 강림하시리라는 주님의 말씀을 우리도 받았기 때문입니다. "나를 믿는 자는 … 그 배에서 생수의 강이 흘러나오리라"(요 7:38). 우리에게 필요한 단 한 가지 역시 이 말씀을 견고히 붙들고, 모든 갈망을 이 말씀이 성취되는 것에 쏟아 붓는 것입니다. 이 약속을 상속받기 전에는 다른 모든 것을 내려놓아야 합니다. 성령님을 받게 될 때 우리는 높은 곳으로부터 오는 권능도 덧입게 될 것입니다. 예수님이 주신 이 약속은 우리로 하여금 성령님의 임재를 강하게 열망하고, 변함없는 확신 가운데 즐거이 기다리게 만듭니다.

제자들은 주님의 약속이 성취되고 성령님으로 충만해질 때까지 아버지를 기다렸습니다. 약속의 성취를 기다리던 열흘 동안, 그들은 계속 성전에 모여 하나님을 찬송하고 복되신 주님께 경배했습니다. 또한 기도와 간구에 힘썼습니다. 우리의 갈망을 더욱 강하게 하고 확신을 더욱 견고하게 붙드는 것으로는 충분하지 않습니다. 우리 자신을 구별하여 하나님과 친밀하고 지속적으로 만나는 것이 중요합니다. 그 축복은 반드시 하나님으로부터 오며, 하나님께서 직접 그것을 주시기 때문입니다. 그분으로부터 직접 선물을 받는다는 사실을 명심하십시오. 하나님이 우리에게 주신 약속은 신적 전능함과 사랑으로만 이루어질 수 있는 놀라운 사역입니다. 우리는 성령 하나님께서 인격적으로 임재하시고 내주하시기를 갈망해야 합니다. 이 일을 하나님께서 친히 우리들 각 사람에게 이루실 것입니다.

하나님이 이 일을 이루십니다

사람이 주는 빵 한 덩이나 돈은, 일단 주고 나면 더 이상 그 사람하고는 상관이 없게 됩니다. 하지만 하나님이 주신 성령님이라는 선물은 이와 같지 않습니다. 성령은 곧 하나님이십니다. 우리에게 오신 성령 안에 하나님이 계시며, 아들 안에도 그분이 계십니다. 성령이라는 선물을 주시는 것은 하나님께서 행하시는 가장 인격적인 행위입니다. 왜냐하면 그것은 바로 그분 자신이 우리에게 오시는 것이기 때문입니다. 그러므로 우리는 하나님과 가장 가깝고 친밀한 교제를 나누는 가운데 이러한 선물을 받아야 합니다.

우리가 이 원리에 대해 깊이 통찰할수록, 그저 자신이 간절히 바라고 믿는다고 해서 이 축복을 붙잡을 수 있는 것이 아님을 뼈저리게 실감하게 될 것입니다. 오직 하나님께서 선하신 뜻대로 그것을 허락하셔야 합니다. 그분의 전능하심이 이 일을 우리 안에서 이루십니다. 우리는 아버지께서 그것을 주고 싶어하실 뿐만 아니라 꼭 필요할 때에 우리로 하여금 한 순간도 기다리게 하지 않으실 것을 확신하며 고대해야 합니다. 이렇게 잠잠히 인내하며 기다리는 모든 영혼은 하나님의 영광으로 충만히 채워질 것입니다.

모든 나무는 그것이 처음으로 솟아나온 뿌리로부터 계속 자라기 마련입니다. 오순절은 그리스도의 교회가 심겨지는 날이었고, 성령님은 그 생명을 지탱하는 힘이 되셨습니다. 우리 모두 그날의 경험으로 돌아가 제자들에게 무엇이 필요했었는지 배우도록 합시다.

예수님께 달라붙어 있고, 그분을 위해 세상에서 모든 것을 포기하며, 자기 자신과 사람으로부터 오는 모든 도움에 대해 철저히 절망하고, 약속의 말씀을 굳게 붙들며 '살아계신 하나님'을 기다리는 것입니다. 이것이 성령님의 능력과 그분이 주시는 즐거움 안에서 살아가는 가장 확실한 길입니다.

4장. 성령의 충만을 누리지 못하는 이유

"내 말과 내 전도함이 설득력 있는 지혜의 말로 하지 아니하고 다만 성령의 나타 남과 능력으로 하여 너희 믿음이 사람의 지혜에 있지 아니하고 다만 하나님의 능력에 있게 하려 하였노라"(고전 2:4-5).

바울은 위의 본문에서 두 종류의 설교와 두 종류의 믿음에 대해 말합니다. 그것에 의하면 설교자가 어떤 영으로 설교하는가에 따라 회중이 어떤 믿음을 가질 것인가가 결정됩니다. 인간의 지혜로 십자가를 전한다면 청중의 믿음은 사람의 지혜 수준에 머물게 됩니다. 하지만 성령의 임재와 능력으로 말씀을 전하면 그리스도의 사람들은 하나님의 능력으로 견고해질 것입니다. 성령님이 드러나는 설교는 말씀의 능력을 배가시키고 듣는 이들의 믿음을 강하게 세워줍니다. 그러므로 성령님이 얼마나 강력하게 역사하실지 알고 싶다면, 우리는 선포되는 말씀과 그로부터 말미암는 믿음이 어떠한지 깊이 살펴보아야 합니다. 오직 이러한 방법을 통해서만 오순절의 충만한 축복이 교회 안에 진정으로 나타나고 있는지를 확인할 수 있습니다.

그런데 이에 대해 자신 있게 말할 수 있는 사람은 없습니다. 오히려 곳곳에서 하나님의 자녀들의 연약함과 죄에 대한 우울한 얘기들만 들려옵니다. 그 정도는 아니더라도 성령님에 대한 무지와 자기만족에 빠진 이들도 적지 않습니다. 그러므로 우리는 오직 한 가지 사실만을 붙잡아야 합니다. 우리 교회가 철저한 무기력증에 빠져 있음을 깨닫고 오순절의 축복을 온전히 누리는 삶으로 돌아가지 않고서는 결코 회복될 수 없다는 것을 말입니다. 우리가 얼마나 부족한지 철저히 깨달을수록 우리는 보다 속히 회복을 갈망하게 되고 그 길로 나아갈 수 있습니다. 교회가 오순절의 축복을 아주 조금밖에 누리지 못하고 있는 것과, 주님께서 본래 교회에게 주고 싶어하셨던 권세로부터 얼마나 멀리 떨어져 있는지를 진지하게 돌아본다면, 우리는 무기력의 잠에서 깨어나 이 축복을 진심으로 갈망하게 될 것입니다.

죄를 이기는 능력이 부족합니다

지금 하나님의 자녀들 사이에 죄를 이기는 능력이 매우 부족합니다. 이것에 대해 생각해 봅시다. 오순절에 임하신 영은 거룩하신 하나님의 성령님이었습니다. 그분이 오셨을 때 제자들 사이에 놀라운 변화가 나타났습니다. 그들의 세상적인 생각은 신령한 것으로 바뀌었고, 교만은 겸손으로, 이기심은 사랑으로 자리를 대신했습니다. 예전에 그들은 사람들을 두려워했으나 성령님의 오심으로 용기 있는 충성스러운 사람들로 달라졌습니다. 예수님의 생명이 그들 안으로 들어오고 천국이 그들 안에 들어오자 죄는 쫓겨나고 말았습니다.

주님이 예비하신 생명은 백성들에게 승리의 삶을 가져다줍니다. 그것은 악의 유혹이나 죄의 유혹이 없는 곳에서 얻어지는 승리가 아닙니다. 그것은 우리를 채우시는 성령의 내주하시는 능력, 내주하시는 구세주의 임재로 말미암아 어둠 가운데 빛이 편만해지듯 죄를 정복해가는 그런 승리입니다.

그렇지만 우리는 교회 안에서 죄를 이기는 능력을 찾아보기가 힘듭니다. 열심 있는 그리스도인들조차 불성실과 부끄러움, 교만과 자만, 이기심과 사랑의 결핍을 드러냅니다. 하나님의 사람들이라고 하는데도 그들에게서 순종, 겸손, 사랑, 하나님의 뜻에 대한 전적인 복종과 같은 예수님의 흔적을 찾아보기 힘듭니다. 왜 이런 일이 나타나는 것일까요? 죄와 불신, 불순종과 타락과 같은 심각한 문제들에 우리가 너무 익숙해져 버렸기 때문입니다. 그리하여 이런 것들을 더 이상 부끄럽게 여기지 않게 되었습니다.

예를 들면 이런 식입니다. 우리는 서로에게 자신의 죄를 고백합니다. 그런 다음 기도를 마치고 나서는 만족감을 느끼며 아무일 없었다는 듯 편하게 지냅니다. 그래서는 안 됩니다. 우리는 겸비해지고 애통해야 합니다. 우리가 성령님의 온전한 축복을 누리지 못하면서도 거기에 대해 별 관심을 갖지 않는 이유는 하나님의 자녀들이 수많은 죄를 범하고 나서도 단지 고백만 하면 끝이라는 식으로 생각하기 때문입니다.

우리는 모든 죄에 대해, 그게 누구의 죄든지 간에, 우리 가운데 하나님의 영이 충만히 채워지지 못했음을 보여주시는 경종으로 삼아야 합니다. 주님을 두려워하는 일이나 사랑하는 일, 거룩함을 추구하고 하나님의 뜻에 전적으로 복종하는 일에 실패할 때마다 우리는 주님의 성령이 교회를 다시 한 번 충만히 채우시도록 엎드려 눈물로 간구해야 합니다.

세상으로부터 분리되지 않았습니다

주 예수님은 위로자 성령님을 보내겠다고 약속하시면서, "세상은 능히 그를 받지 못하리라"고 말씀하셨습니다. 눈에 보이는 세계에만 착념케 하는 이 세상의 영은 하나님과 그분의 뜻만이 전부인 하늘에 계신 예수의 영과 영원히 화해할 수 없는 적대 관계에 있습니다. 세상은 주 예수님을 거부했으며, 모든 수단을 동원해 그리스도인이라는 이름을 지우려 하고 있습니다. 지금도 세상은 우리와 결코 친해질 수 없는 원수입니다.

이런 이유로 예수님은 제자들에게 "내가 세상에 속하지 아니함 같이 그들도 세상에 속하지 아니하였사옵나이다"(요 17:16)라고 말씀하셨습니다. 바울 역시 같은 이유로 "우리가 세상의 영을 받지 아니하고 오직 하나님으로부터 온 영을 받았다"(고전 2:12)고 말했습니다. 세상의 영과 하나님의 성령은 생사가 걸린 전투를 벌이고 있습니다.

그러므로 하나님은 자기 백성들이 세상과 구별되어야 하며 하늘에 간직한 보화에 마음을 두고 순례자처럼 살라고 요청하셨던 것입니다. 하지만 우리에게서 이러한 모습을 찾아보기가 힘듭니다. 우리 가운데 누구도 자신 있게 그렇다고 말하지 못합니다. 오히려 행실에서 나무랄 데가 없고 천국을 확신하고 있기만 하다면 남들처럼 세상을 즐기는 것 정도는 괜찮을 거라고 생각합니다. 말과 행실 그리고 자세와 열정에서 천국을 향한 진심이 발견되지 않습니다.

빛은 어두움을 몰아내는 법입니다. 하늘의 영은 세상의 영을 쫓아냅니다. 우리가 스스로를 예수의 영과 천국의 영으로 충만해지도록 내어드리지 않는다면, 비록 그리스도인이라는 이름표는 있어도 세상의 영의 다스림을 받는 자에 불과합니다. 교회 곳곳에서 터져나오는 날카로운 외침 소리를 들어보십시오. "누가 우리를 세상의 영의 권세로부터 건져낼까?" 우리는 이렇게 대답해야 합니다. "아무도 그렇게 하지 못합니다. 오직 하나님의 영으로만 가능합니다. 그러므로 우리는 반드시 성령님으로 충만해져야 합니다."

말씀 선포에 성령이 나타나지 않습니다

영혼 구원을 위해 수고하는 사람들 가운데, "많은 신자들이 한때 뜨거웠다가 곧 떨어져나간다"고 안타까워하는 이들이 있습니다. 그리스도인이 되었다가 재물의 유혹이나 다른 유혹에 부딪히면 더 이상 견디지 못하는 것입니다. 왜 이런 불행한 결과가 되풀이될까요? 이것은 성령님의 능력이 아닌 지혜의 설득의 말로 말씀을 전하기 때문입니다. 그래서 하나님의 권세가 아닌 사람의 지혜와 수고 위에서 믿음이 세워지기 때문입니다.

성령의 능력으로 뜨겁고 교훈적인 가르침을 지속적으로 공급한다면, 사람들은 계속 서 있을 수 있습니다. 하지만 그것이 없다면 곧 미끄러지게 될 것입니다. 지금 선포되는 말씀에 성령이 드러나지 않는다면, 사람들은 살아 계신 하나님을 만나지 못할 것입니다. 이와 같은 이유로, 현재 믿음의 행위로 여겨지는 많은 일들이 사실은 하나님의 능력으로 행해지는 것이 아닙니다.

말씀 사역이나 설교 혹은 은혜의 수단들이 성령의 나타남으로 동반되지 않는다면 그것은 도움보다는 오히려 방해가 될 것입니다. 모든 외적인 은혜의 수단들은 어쩔 수 없이 변하고 사라지게 마련입니다. 오직 성령님만이 하나님의 권능을 덧입어 강하고 흔들림 없이 계속될 믿음을 만들어 내십니다.

사람들이 믿음 위에 지속적으로 견고히 서지 못하는 이유가 무엇입니까? 하나님은 우리에게서 성령의 나타남이 심각하게 부족하기 때문이라고 말씀하십니다. 오순절의 충만한 축복은 사라지고 우리를 슬프게 하는 일들만 벌어지고 있습니다. 그러므로 다시 한 번 되새깁시다. 우리가 고대하는 축복은 오직 하나님만이 주십니다. 우리 안에 있는 모든 것들이 간절히 이렇게 외치게 합시다. "성령 하나님, 죽은 것 같은 우리 영혼에 생기를 불어넣어주십시오. 우리가 다시 살기를 원합니다!" 성령님으로 말미암아 생명을 얻지 못한 자들의 예배는 철저히 무능력합니다.

우리 주변에는 수많은 사역자들이 있습니다. 그들은 참으로 다양하고 특별한 말씀을 전합니다. 게다가 주일학교 교사들도 이루 헤아릴 수 없습니다. 그리스도인 부모들은 자녀들에게 하나님의 말씀을 전하고 주님을 영접하도록 돕습니다. 그럼에도 불구하고 이 모든 일에 열매가 너무 빈약합니다.

말씀을 들으면서도 그 진리에 무관심한 사람들은 결코 구원을 향한 중대한 선택을 내리지 못합니다. 심지어 어린 시절부터 늙을 때까지 많은 이들이 하나님의 말씀을 줄곧 접했으면서도 그들 마음 깊은 곳에서 말씀에 사로잡혀 본 적이 단 한 번도 없습니다. 그들은 교회 참석은 좋은 것이고 기쁨을 주며 신앙생활에 도움이 된다고 여기면서도, 망치와 같이 내리치고 검(劍)처럼 마음을 가르며 불처럼 정화시키기 위해 임하는 말씀의 권세를 전혀 느끼지 못하는 것입니다. 사람들 안에 별로 동요가 없는 것은 그들이 들은 설교가 성령과 그 능력의 나타남으로 선포되지 못했기 때문입니다. 이것은 오순절의 충만한 축복이 심각하게 부족하다는 증거로 충분합니다.

이런 문제가 설교자 때문입니까, 회중들의 잘못입니까? 나는 둘 다에게 책임이 있다고 생각합니다. 설교자들은 기독교 공동체가 낳은 자녀이기도 합니다. 아이들을 보면서 우리는 부모가 영적으로 건강한지 그렇지 않은지를 볼 수 있습니다. 설교자들은 회중들이 어떻게 살아가는가에 따라 영향을 받기 마련입니다. 젊은 목사가 사람들의 마음을 적당히 어루만져주고 삶에 약간의 교훈을 주는 정도의 설교를 전할 때, 회중이 거기에 만족해 버린다면 그는 앞으로도 같은 길을 걸어갈 수밖에 없습니다. 성령님의 나타나심을 구하려면 그는 한층 더 성숙한 신자들의 도움을 받아야 합니다. 사역자가 오직 성령님께 모든 것을 기대하는 자세로 회중을 인도하지 않는다면, 그는 다분히 인간의 지혜와 사람을 신뢰하게 될지도 모릅니다.

모든 세속적인 마음과 영적인 것에 대한 둔감함은 대부분 오순절의 축복을 충만히 경험하지 못하기 때문에 생깁니다. 오직 오순절의 기름부으심이, 높은 곳으로부터 오는 권세를 통해, 사람들의 딱딱해진 마음을 기경하고 살립니다.

주님께 대한 전적 헌신이 결여되었습니다

우리가 하나님의 왕국을 확장하기 위해 자기를 희생하는 일에 얼마나 준비가 되어 있지 않은지 생각해보십시오. 주 예수께서 승천하시면서 성령을 보내겠다고 약속하셨을 때 그것은 그분을 위해 일할 수 있는 권능을 받는 것이기도 했습니다. "오직 성령이 너희에게 임하시면 너희가 권능을 받고 예루살렘과 온 유대와 사마리아와 땅 끝까지 이르러 내 증인이 되리라"(행 1:8). 하늘에 계신 왕에게 오순절의 축복을 받는 목적은 이 땅에서 주님의 종으로서 그분의 명령을 준행하기 위함입니다. 성령께서 임하시자마자 제자들은 주님의 증인으로 살기 시작했습니다. 성령님은 그들이 예수님을 구주로 알리는 데 있어 온갖 고난과 박해를 견뎌낼 수 있도록 소원을 주시고 격려하시며 용기와 권능을 부여하셨습니다. 온 세상을 예수 그리스도께로 돌이키게 하시려고 오순절의 성령은 진정 선교의 영으로 일하셨습니다.

우리 시대에 선교의 기운이 점차로 확산되고 있다지만, 자신의 유익을 위해 쏟아 붓는 시간에 비해 선교 사업에 투자하는 노력이 얼마나 보잘 것 없는지를 곰곰이 생각해보면 우리는 즉시 이런 질문을 던져야 합니다. "그분은 나를 위해 자신의 전부를 내어주셨다. 나 역시 주님과 주님의 사역을 위해 다 드려야 한다. 예수님을 위해 내가 무엇을 더 희생할 수 있는가?"

주님은 우리가 드린 것이 아니라 드리지 않은 것이 무엇인가에 따라 우리의 선물을 평가하신다는 유명한 말이 있습니다. 자기 소유의 일부를 드리는 이들도 있지만, 한 과부가 그랬던 것처럼 가진 것 전부를 드린 사람도 있습니다. 별로 손해 보지 않을 만큼만 드리고도 자기가 드린 것을 좀체 잊지 못하는 사람들이 얼마나 많은지요. 그렇지만 오순절의 충만한 복이 흘러들어오면 모든 것이 달라집니다. 사람들은 예수님을 향한 사랑으로 불타올라, 순전한 기쁨으로 모든 것을 아낌없이 그분께 바칩니다. 그리하여 주님은 구주로 드러나시고 모든 사람이 그분의 사랑을 알게 됩니다.

오순절 축복을 갈망하십시오

성도들이여, 이 땅의 교회와 우리가 속해 있는 기독교 공동체, 그리고 자신의 마음의 상태가 어떤지 돌아보십시오. 제대로만 들여다보면 우리는 우리의 처지를 놓고 울지 않을 수가 없습니다. "오순절의 성령 충만한 축복을 정말 모르고 살아가는구나!" 우리의 거룩함, 세상으로부터의 분리, 그리스도인들의 견고한 믿음, 구원받지 못한 사람들의 회심, 하나님나라를 위한 자기 희생 등에서 우리가 얼마나 부족한 삶을 살아가는지 생각해 보십시오. 이러한 슬픈 현실을 돌아보며, 우리는 오순절의 축복에서 멀어져 있는 탓에 교회가 거대한 악으로부터 고통을 겪고 있음을 깊이 탄식해야 합니다. 교회가 하나님의 성령으로 충만해지는 것, 이것이 유일한 치료제일 뿐만 아니라, 이것이 없이는 상처를 치유하거나 타락에서 구원받거나, 주님께 허락받은 권세를 회복할 길이 없습니다.

이것을 진리로 붙잡고, 오직 이것만을 생각하며 애통함으로 기도해야 합니다. 회복은 쉽지 않습니다. 단번에 이루어지지도 않을 겁니다. 속히 오지도 않을 겁니다. 예수님의 제자들도 이런 수준에 이르기까지 3년이라는 준비 기간을 매일 주님과 함께 보내야 했습니다.

우리가 그토록 열망하는 변화가 금방 시작되지 않는다고 해서 낙심하지 마십시오. 성령으로 충만해야 한다는 필요성을 자각하고 마음에 간직하는 것으로부터 시작합시다. 이 일을 위해 즉시 그리고 계속 기도하도록 합시다. 믿음 안에 견고히 섭시다.

오순절의 축복은 교회의 장자권과 같고 우리 기업에 대한 보증이며 이 땅에 사는 우리들의 소유물입니다. 믿음으로 사는 인생은 결코 수치를 당하지 않습니다. 마음에 분명한 목적을 정하고 예수님과 연합한 자들은 헛된 삶을 살지 않습니다. 인내하며 그분을 신뢰한다면 우리의 깊은 곳 안에서 생수의 강이 흘러넘치는 때가 반드시 올 것입니다.

5장. 축복을 가로막는 장애물

"이에 예수께서 제자들에게 이르시되 누구든지 나를 따라오려거든 자기를 부인하고 자기 십자가를 지고 나를 따를 것이니라 누구든지 제 목숨을 구원하고자 하면 잃을 것이요 누구든지 나를 위하여 제 목숨을 잃으면 찾으리라"(마 16:24-25).

많은 사람들이 오순절의 충만한 축복을 간절히 구하지만 그럼에도 얻지 못하고 있습니다. 이러한 실패가 무엇 때문인지 성도들은 궁금해 합니다. 이에 관해서는 여러 가지 답변을 드릴 수 있을 것입니다. 어떤 경우에는 죄를 깨끗이 털어내지 못한 때문일 수도 있습니다. 그래서 문제가 해결되지 않는 겁니다. 또한 세속적인 마음, 사랑 없음, 겸손의 부족, 믿음의 길로 행하는 비밀에 대한 무지함, 그 밖의 여러 문제들 때문이기도 합니다.

많은 이들은 자신들이 주님께 나아와 이러한 실패를 진실하게 고백하고 처리했는데도 여전히 축복이 임하지 않았다고 불평합니다. 하지만 한 가지 커다란 장애물이 여전히 남아 있다고 말씀드려야겠군요. 이것으로 인해 앞에서 언급했던 다른 모든 방해거리들이 나타나기 때문입니다. 그것은 다름 아닌 우리 자신입니다. 자아는 자기 추구, 자기 기쁨, 자기 확신, 자기 만족과 같은 여러 형태로 감추어진 자신의 생명이라고 할 수 있습니다.

오순절의 축복을 받으려 애쓰면서 무엇이 이것을 가로막고 있는지 알기 원한다면 우리는 우리 안에 거대한 악이 도사리고 있다는 사실을 깊이 깨달아야 합니다. 우리 자신이 최악의 원수입니다. 우리는 반드시 자기 자신에게서 자유롭게 되어야 하며 그토록 매달려 왔던 자기 생명은 철저히 잃어버려야 합니다. 그럴 때에야 우리는 하나님의 생명으로 충만해질 수 있습니다.

예수님의 십자가를 온전히 이해하십시오

예수님은 베드로에게 하신 말씀을 통해서도 이것을 우리에게 가르치셨습니다. 베드로는 방금 전 예수님에 대한 영광스러운 신앙 고백을 했습니다. 예수께서 "바요나 시몬아 네가 복이 있도다 이를 네게 알게 한 이는 혈육이 아니요 하늘에 계신 내 아버지시니라"(마 16:17)고 말씀하실 정도였습니다. 하지만 주님이 십자가에서 죽임 당할 것을 알려주시자 그렇게 칭찬을 받았던 베드로가 사탄의 꼬임을 받아 이렇게 말했습니다. "주여 그리 마옵소서 이 일이 결코 주에게 미치지 아니하리이다"(22절).

주님은 스스로 생명을 내려놓으셨을 뿐만 아니라 자기를 따르는 모든 제자들도 그렇게 살아야 한다고 말씀하셨습니다. 제자들이 자기를 부인하고 자기 십자가를 져야 하는 이유는 그들 역시 십자가에 못 박히고 그 위에서 죽어야 하기 때문입니다. 누구든지 자기 목숨을 구원하고자 하면 잃어버리고, 그리스도를 위해 자기 목숨을 잃으면 찾을 것입니다.

베드로는 하나님 아버지를 통해 그리스도가 하나님의 아들이심을 알았지만, 십자가에 달리셔야 하는 분인 것은 미처 알지 못했습니다. 그리고 십자가에 못 박혀야 하는 절대적인 필요성에 대해서도 알지 못했습니다. 우리 그리스도인들도 그렇습니다. 우리는 예수님을 구주로 알고 그분을 더 잘 알고자 애쓰지만, 십자가의 죽음에 대해 더 깊은 깨달음이 있어야 한다는 사실은 잘 모릅니다. 그 위에서 자신이 죽어야 하는데도 말입니다. 하나님의 풍성한 생명을 받기 전에 우리는 반드시 자기를 부인하고 자기 생명을 잃어버려야 합니다.

이러한 요구조건은 참으로 힘들고 어려운 것입니다. 그런데 왜 이렇게까지 해야 합니까? 왜 그리스도인들은 항상 자기 자신과 자기 감정, 의지와 즐거움을 부인하도록 요청받는 것입니까? 왜 자신의 생명과 결별해야 하는 것일까요? 그 대답은 아주 단순합니다. 자기 생명은 전적으로 죄와 사망의 권세 아래 있기 때문입니다. 하나님의 생명이 우리 안에서 세력을 얻으시려면 우리의 생명은 모두 제거되어야 합니다. 하나님의 풍성하고 흘러넘치는 생명을 누리기 원한다면 우리는 자신의 생명을 전적으로 부인하고 잃어야 하는 것입니다.

이처럼 오순절의 충만한 축복을 누리는 길에는 거대한 방해물이 놓여 있습니다. 전적으로 다른 두 물체가 동시에 같은 장소에 거할 수 없다는 사실을 명심하기 바랍니다. 우리의 생명과 하나님의 생명은 동시에 우리의 마음을 채우지 못합니다. 우리의 생명은 하나님의 생명이 들어오는 것을 방해합니다. 우리의 생명이 쫓겨날 때 비로소 하나님의 생명이 우리를 채울 수 있습니다. 나 자신이 여전히 무엇이라도 되는 양 버틴다면 예수님은 우리에게로 들어와 모든 것이 되실 수 없습니다. 우리의 생명은 내쫓겨야 하고, 예수님의 영은 흘러들어와 우리를 채워야 합니다.

오순절의 충만한 축복을 찾기 원한다면 누구라도 이 원리를 굳게 붙잡아야 합니다.

우리의 자아가 내쫓겨야 합니다

하나님은 천사와 사람을 창조하시면서 그들에게 독립적인 특성을 부여하셨습니다. 그래서 그들은 스스로를 제어할 권세를 가지게 되었습니다. 하나님께서 그렇게 하신 의도는 그들이 자유 의지에 따라 자신들의 생명을 그분께 넘겨드리면 주님이 그분의 생명과 영광으로 그들을 충만케 하시기 위함이었습니다. 이것은 피조물이 받을 수 있는 최상의 축복이었습니다. 이는 하나님의 생명과 그분의 완전하심으로 가득 찬 그릇이 되는 것이었습니다.

천사와 사람의 타락은 다른 것이 아닙니다. 둘 다 동일하게 그들의 생명과 의지, 그리고 특성이 하나님으로부터 떨어져 나와 자신만을 기쁘게 하기 위해 왜곡되어 버린 것입니다. 이러한 자기 숭배는 그들을 천국에서 지옥으로 쫓아낸 교만이었습니다. 그리고 이 교만은 뱀이 하와의 귓가에 속삭였던 지옥의 독이었습니다.

사람은 그렇게 하나님으로부터 등을 돌려 자신과 세상 속에서 즐거움을 찾아 헤매게 되었습니다. 사람의 생명과 온전했던 특성은 하나님의 다스림을 벗어나는 순간 그 특권을 박탈당하고 망가졌으며, 우리는 자신만을 추구하고 섬기는 인생으로 전락하고 말았습니다.

하나님의 영이 충만한 생명으로 임하여 우리의 것이 되려면 우리는 그 전에 반드시 자신의 생명을 완전히 잃어버려야 합니다. 아주 세세한 부분까지, 항상, 그리고 모든 일에서 우리는 자기 생명을 부인해야 합니다. "누구든지 나를 따라오려거든 자기를 부인하고 자기 십자가를 지고 나를 따를 것이니라"(마

16:24).

아직도 많은 사람들은 자신의 본성이 철저히 타락했음을 깊이 인식하지 못하고 있습니다. 우리 그리스도인은 자신의 감정을 따라 살아서는 안 된다는 얘기는 그들에게 너무나 이상하고 가혹하게 들립니다. 하지만 자기 부인은 우리의 삶 면면에 흐르고 있어야 하고 누구도 예외가 없습니다. 주님은 자신의 말씀을 철회하신 적이 없습니다. "너희 중의 누구든지 자기의 모든 소유를 버리지 아니하면 능히 내 제자가 되지 못하리라"(눅 14:33).

갓 회심한 어린 신자는 제자들에게 요구되는 이런 부분들을 잘 이해하지 못합니다. 그의 마음에 새 생명의 씨앗이 심겨졌지만 본래의 생명이 여전히 강합니다. 앞서 주님이 베드로에게 말씀하신 것은 바로 이런 이유 때문이었습니다. 베드로는 주님을 따르는 제자였으나 불완전한 인간이었습니다. 주께서 죽임 당하실 때 그는 자기를 부인하는 대신 주님을 부인해버렸습니다. 하지만 그런 엄청난 실패로 말미암아 그는 마침내 자신에 대해 절망하게 되었고 자신의 생명을 전적으로 부인하고 예수님의 생명으로 온전히 채워질 준비가 됩니다.

우리 모두는 궁극적으로 이렇게 되어야 합니다. 어떤 그리스도인이 먹고 마시고 돈 쓰고 시간을 보내고 사람들에 대해 말하고 생각하는 등의 특정한 일에는 자기가 원하는 대로 자기를 즐겁게 하기 위해 자기 생명을 누릴 권리가 있다고 여긴다면 그는 오순절의 충만한 축복에는 결코 이를 수 없습니다.

성도들이여, 사람이 하나님의 영으로 충만해지는 것은 말할 수 없이 거룩하고 영광스러운 일입니다. 이를 위해 현재 우리 마음을 차지하고 다스리고 있는 자아가 내쫓김 당하고, 새롭게 내주하시는 하나님의 영에 모든 것을 복종시켜야 한다는 것은 피할 수 없는 진실입니다. 성령님으로 충만해지는 기쁨과 그 능력을 경험하려면 가장 중요한 처음 조건을 만족시켜야 한다는 점을 우리가 이해할 수만 있다면 얼마나 좋을까요. 그 조건이란 오직 주님만이 우리의 생명이요 우리의 인도자이심을 받아들이는 것입니다.

주님이 이 일을 이루십니다

오순절의 풍성한 축복을 얻기 위해 애쓰다보면, 우리의 자아와 자기 생명은 그 어느 때보다 분명히 나타나 우리를 속이고 힘을 발휘합니다. 많은 사람들이 오순절의 축복을 소유하기 위해 온갖 노력을 기울이다가 계속 실패하면서도 그 이유를 알지 못하는 이유는, 자기 의지로는 절대로 자기 의지를 쫓아낼 수 없고 자아로는 결코 자아를 죽일 수 없다는 사실을 잊었기 때문입니다. 자기의 무능력과 무기력을 인정할 줄 아는 사람은 복이 있습니다. 그런 사람은 이 시점에서 자기를 부인하고 자기의 생명과 힘을 통해서는 더 이상 아무 것도 기대하지 않게 됩니다. 오히려 그는 주님의 임재 안에서 자신을 죽은 자와 같이 내려놓을 것이며, 그렇게 하여 그분으로부터 오는 축복을 받습니다.

오순절을 위해 베드로를 준비시키고 하늘로부터 복이 내려오도록 하신 이도 베드로가 아니었습니다. 그의 주님이 베드로를 위해 이 모든 일을 행하셨습니다. 베드로의 몫은 주님이 약속하신 일이 베드로 안에 이루어지도록 자기에 대해 절망하고 자기 자신을 주님께 온전히 내어드리는 일뿐이었습니다.

신자들이여, 이처럼 우리의 임무는 자기를 부인하고 자기 생명을 내어주는 것입니다. 우리의 무가치함과 무능력함이 주님의 임재 안에 푹 잠기도록 하는 것입니다. 깊은 겸손과 인내 그리고 어린아이 같은 복종으로 그분 앞에 우리의 마음을 내려놓는 일입니다. 겸손은 우리가 아무것도 아닌 자로 비워지도록 우리를 준비시킵니다. 인내는 그분과 그분의 시간을 기다리도록 우리를 붙들어줍니다. 그리고 복종은 우리가 온전히 무릎 꿇는 것으로 우리 생명을 기꺼이 잃을 준비가 되었음을 나타냄으로써 주님이 선한 일을 행하시도록 만듭니다.

예수님은 자기를 따르라고 우리를 부르십니다. 그분이 우리보다 앞서 자신의 의지를 어떻게 희생했는지 기억하십시오. 주님은 자신의 생명을 아버지의 손에 내려놓으시고 무덤으로 내려가셔서 하나님께서 다시 생명으로 일으키시기까지 기다리셨습니다. 이와 동일한 방식으로 우리는 연약함 가운데서도 우리의 생명을 내려놓을 준비가 되어야 합니다. 하나님께서 그렇게 내려놓은 생명을 영의 충만함으로 능력 있게 다시 일으키실 것을 확신하면서 말입니다. 개인적인 노력일랑은 버리십시오. 우리의 능력을 발휘하는 일 따위는 포기하십시오. "만군의 여호와께서 말씀하시되 이는 힘으로 되지 아니하며 능력으로 되지 아니하고 오직 나의 영으로 되느니라"(슥 4:6).

날마다 자기를 부인하십시오

물론 이렇게 말하는 사람도 있습니다. "누가 이런 일을 할 수 있겠습니까? 어느 누가 예수님처럼 모든 것을 버리고 자기 생명을 완전히 내려놓을 수 있단 말입니까? 그것은 불가능한 일이 아닌가요?" 그 말은 진정 맞습니다. 하지만 "하나님은 하실 수 있습니다." 우리는 글자 그대로 예수님을 죽음과 무덤에 이르기까지 따를 수 없을 것입니다. 그것은 우리의 능력 밖의 일입니다. 우리의 자아는 스스로를 죽음에 넘길 수 없고, 무덤 안에 들어갔더라도 잠자코 가만히 있지를 못합니다.

하지만 참으로 복된 소식을 들어보십시오. 그리스도 안에서 우리는 죽었고 묻혔습니다. 그분은 죽으시고 자신의 영을 아버지의 손에 복종시키셨으며, 또한 무덤 안에서 안식을 누리셨습니다. 이 놀라운 능력이 우리 안에서 일하고 있습니다. 우리는 이 영의 일하심을 굳게 의지하고 주 예수의 죽음과 부활로 인한 능력을 힘입어 믿음으로 자신의 생명을 기꺼이 잃어버리도록 내어드리십시오.

이를 위해 우리 자신을 부인하는 일을 날마다 가장 먼저 그리고 가장 중요한 과업으로 삼으십시오. 내가 전해드린 말씀을 받아들이기 바랍니다. 다시 강조하지만, 오순절의 생명으로 사는 데 있어 가장 큰 훼방거리는 자신의 생명입니다. 외적으로 저지른 심각한 죄로 인해서가 아니라 하나님이 거하셔야 할 그 자리에 자아가 꿰차고 들어가 있기 때문입니다. 자아는 하나님보다 자신을 더 기쁘게 하고 영예롭게 하는 죄악입니다.

성도들이여, 자신의 생명을 가장 몹쓸 원수요 하나님의 원수로 여기십시오. 예수님께서 우리를 위해 마련하신 축복, 그분이 오순절에 허락하신 충분한 축복인 주님의 내주하심에 눈을 뜨기 바랍니다. 이러한 값진 진주와 맞바꾸는 데 있어 그 무엇도 귀하거나 아깝게 여기면 안 됩니다.

성도들이여, 하나님의 영으로 충만한 삶을 진정으로 갈망합니까? 그것을 얻지 못하게 방해하는 것을 알고자 몸부림치고 있습니까? 우리 주님의 말씀을 받아들이고 그것을 마음 깊이 간직하십시오. 그 말씀을 품고 그분께 가져가십시오. 주님은 우리가 그 말씀을 깨닫고 경험할 수 있도록 하십니다. 오직 그분만이 성령님으로 세례를 주십니다.

자아에 속한 모든 것을 그분께 희생 제물로 아낌없이 드리십시오. 자신의 죽으심으로 성령을 보내신 주님께서는 베드로가 그분의 고통에 함께 참여함으로 오순절의 축복을 누릴 수 있게 하셨고, 지금은 그 손으로 우리를 인도하십니다. 우리 앞에 계신 예수님을 신뢰합시다. 그분은 의심할 여지없이 성령으로 세례를 베푸실 것입니다.

자기를 부인하고 주님을 따르십시오. 자기의 생명을 잃어버리고 그분의 생명을 얻으십시오. 우리가 지금껏 자신만을 위해 사용해왔던 그 자아의 자리에서 내려와 그분이 나누어주신 생명을 받아들이십시오. 그분으로부터 생수의 강이 흘러넘쳐날 것입니다.

6장. 축복이 임하는 통로

"술 취하지 말라 이는 방탕한 것이니 오직 성령으로 충만을 받으라"(엡 5:18).

성령 충만을 받으라는 명령은 술 취하지 말라는 명령과 동일하게 엄중합니다. 우리가 자기 마음대로 부도덕한 삶을 살 수 없는 것과 마찬가지로, 우리는 또한 이 적극적인 명령에 불순종해서는 안 됩니다. 맑은 정신으로 살아가도록 우리를 부르신 그 하나님께서 한결같은 열망으로 우리가 성령으로 충만해지기를 원하십니다. 그분의 명령은 약속이나 다름없습니다. 우리에게 있었으면 하는 그것을 그분이 직접 우리에게 허락하시겠다는 분명한 약속인 것입니다.

이 사실에 대해 분명한 확신을 가졌다면, 이제 우리는 어떻게 해야 하나님의 뜻에 따라 성령으로 충만해질 수 있는지를 살펴보아야 합니다. 나는 이 축복을 진심으로 갈망하는 이들이 자신들을 위해 예비된 것을 얻을 수 있도록 하기 위해 몇 가지 지침을 드리고자 합니다.

첫 번째 단계

하나님의 자녀들 중에는 성령님으로 충만해지는 것이 자신에게 허락된 기업(基業)이라는 사실을 믿지 않는 이들이 있습니다. 오순절은 그저 교회 탄생 기념일과도 같지만 그 날의 축복, 능력은 동일하게 지속되지는 않는다고 그들은 생각합니다. 성령으로 충만함을 받으라는 명령을 진지하게 받아들이지 않는 것입니다. 그 결과 그들은 온전한 축복을 받으려고 간구하지 않습니다. 지금 그대로의 약하고 부족함 많은 삶에 만족해 버립니다.

혹시 우리가 그런 상황에 있지는 않습니까? 위로부터 오는 충만한 축복이 없이는 교회가 이 세상에서 맡은 일을 결코 감당할 수 없습니다. 주님을 기쁘시게 하고 거룩하고 능력 있는 삶을 살려면 우리에게 이 축복이 있어야 합니다. 주님은 그분의 임재와 내주하심, 그리고 영광을 우리 안에서 나타내시기 위해 우리가 반드시 성령으로 충만해야 한다고 생각하십니다. 그러므로 오순절의 풍성한 축복은 우리에게 이루어질 거룩한 영적 실체임을 흔들림 없이 믿으십시오. 하나님의 자녀들은 반드시 그것을 소유해야 합니다.

시간을 들여 이 진리를 깊이 묵상하십시오. 그리고 그것이 얼마나 중요하고 능력 있는 삶을 가능하게 하는지 생각함으로 이 진리에 완전히 사로잡히도록 하십시오. 우리가 손만 뻗으면 닿을 수 있는 곳에 이 축복이 있다는 사실을 깊이 확신하는 것이 이 축복을 얻는 데 있어 첫 걸음이자 강력한 동인이 됩니다.

두 번째 단계

우리 스스로는 이러한 축복을 누릴 수 없음을 인정하는 것이 두 번째 단계입니다. 이러한 확신을 갖는 것이 왜 중요한지 궁금할 겁니다. 내가 이것이 중요하다고 생각하는 이유를 간단히 말하겠습니다.

많은 그리스도인들은 자신에게 성령님이 계시므로 이제는 그분을 알고 순종하는 일에 꾸준히 열심을 내면 된다고 생각합니다. 이미 하나님의 은혜 안에 서 있으므로 자신이 소유한 생명을 잘 선용하면 된다고 생각합니다. 말하자면 자신의 계속적인 성장을 위해 필요한 모든 것을 자신이 소유하고 있다고 단정하는 것입니다.

반면, 나는 그렇게 말하는 영혼들은 병이 들었으며 치유가 필요하다고 확신하고 있습니다. 우리가 병들었을 때 낫기 위한 첫 번째 조건이 우리가 병들었음을 인정하는 일인 것처럼, 우리는 지금 성령의 충만함 —이것은 모든 일에서 하나님을 기쁘시게 하는 데에 반드시 필요합니다— 속에서 걷고 있지 못하다는 사실을 인정하는 것이 절대적으로 필요합니다.

오직 하나님만이 성령 충만의 약속을 이루실 수 있음을 확실히 깨닫는다면(첫 번째 단계) 우리는 자신의 무능력을 인정하는 두 번째 단계로 나아갈 수 있습니다. "성령의 충만함을 받으라"는 명령에 순종하여 자신을 내어드리지 않으면서 성령의 충만함을 기대한다면 그것은 오히려 우리가 게으르고 자기 만족에 빠져 있으며 믿음의 부족함을 드러내고 있음을 깨달아야 합니다. 온전한 축복을 자신의 힘으로는 결코 받을 수 없다는 사실을 가슴 깊이 깨닫게 될 때 우리에게는 그것을 얻고자 하는 강력한 동기가 생겨날 것입니다.

축복은 우리를 위한 것입니다

앞에서 오순절의 충만한 축복이 단지 초기 기독교 공동체에만 제한된다고 생각하는 이들이 있다고 언급했습니다만, 다른 한편에서는 후대의 교회가 이런 축복을 경험할 수 있지만 누가 그런 복을 기대할 만한 자격이 되느냐고 생각하는 사람도 있습니다. 그들은 이런 말로 자신들의 주장을 합리화합니다. "난 참 형편없이 살아왔어요. 성질도 못돼 먹었지요. 능력도 없을 뿐더러 숱한 어려움에 치여 살다보니 이런 이상적인 삶은 이제 물 건너간 것 같아요. 하나님도 내게 바라시는 게 없을 겁니다. 그건 나에게 허락된 삶이 아닌가 봐요."

우리는 이런 천박한 생각들에 속지 말아야 합니다. 온 몸이 건강하려면 그 전에 몸에 붙어 있는(비록 가장 보잘 것 없어 보인다고 해도) 각 지체들이 건강해야 합니다. 성령님의 내주하심과 충만하심은 그리스도의 몸 전체를 건강하게 합니다. 그리고 비록 우리가 그 몸의 가장 보잘 것 없는 지체라 할지라도 그 축복은 우리의 것이 됩니다. 이에 관해 아버지는 어떤 예외도 두지 않으십니다.

각 지체가 어떤 은사를 받고 어떤 부르심을 받으며 어떤 환경 속에 거하는지는 저마다 다를 수 있습니다. 하지만 아버지께서는 모든 자녀들이 온전한 건강으로 동일하게 양자의 영을 풍성히 받아 누리기를 간절히 원하십니다.

그렇다면 우리는 이렇게 말해야 하지 않겠습니까. "이 축복이 나를 위한 것이구나. 하나님 아버지께서 그분의 영으로 나를 채우기를 얼마나 원하시는지. 내 앞에 놓인 이 축복을 전심으로 받아들이도록 하자. 내게 허락된 이 장자권을 더 이상 불신 때문에 거부하지 않을 거야. 전심을 다해 '이 축복은 내거야'라고 말하겠어."

축복은 하나님의 선물입니다

이 축복을 얻기 위해 분투하기 시작한 그리스도인이라면 보통은 여러 다양한 노력을 기울이기 마련입니다. 믿음과 순종, 겸손과 복종 등을 축복의 조건으로 생각하고 이런 삶을 살려고 애씁니다. 만일 성공하지 못하면 자기에게 뭔가 문제가 있다고 생각하지요. 그리고 완전히 절망하지 않는 한 그는 다시 일어나 더욱 노력하고 엄청난 열심을 기울입니다.

이런 모든 분투가 아무런 가치도 없고 소용도 없다는 뜻은 아닙니다. 율법이 바로 이런 일을 하니까요. 이로써 우리는 자신의 전적인 무능함을 깊이 자각하게 되는 것입니다. 자신에 대해 절망한 그곳에서, 우리는 우리의 자리를 하나님께 기꺼이 내어드립니다. 그러면서 우리는 다시 한 번 이렇게 고백하게 됩니다. "나는 이런 축복을 가질 수도 없고 스스로의 힘으로 얻을 수도 없다. 오직 하나님만이 내 안에서 이 일을 이루신다."

이 오순절의 축복은 초자연적인 선물이며, 우리 영혼 안에서 이루시는 하나님의 놀라운 구원 행위입니다. 각 사람의 영혼 안에 있는 하나님의 생명은 그 생명이 예수 그리스도 안에 맨 처음 분명히 나타났을 때처럼 진정 하나님의 일하심으로 나타난 결과입니다. 처녀 마리아가 한 아이를 초자연적으로 잉태하게 되었을 때를 생각해보십시오(눅 1:38). 이와 마찬가지로 우리 안에 성령께서 운행하시는 풍성한 생명의 열매를 맺는 일에서도 우리가 할 일이 거의 없습니다. 마리아가 그랬듯이 우리 역시 오직 하나님의 선물로서 그 축복을 받게 되는 것입니다.

그리스도께서 죽은 자들 가운데서 부활하신 것이 하나님의 전적인 사역이었던 것처럼 이러한 하늘에 속한 축복을 나누어주시는 일도 전적으로 하나님의 행위입니다. 주님은 하나님으로부터 새 생명을 받기 위해 죽음을 경험하시고 자기 생명을 내어주셔야 했습니다. 마찬가지로 신자인 우리도 성령 충만의 온전한 축복을 값없이 선물로 받으려면 ─이 선물에는 죽음을 이기신 신적인 전능함이 깃들어 있습니다─ 우리의 모든 힘과 소망을 다 포기해야만 합니다. 우리의 전적인 무능력을 인정하게 되면 이로써 참된 자기 절망에 이르게 되는데, 이는 우리가 최상의 축복을 맛보는 데 있어 반드시 지나가야 하는 과정입니다.

축복은 값진 진주입니다

그럼에도 불구하고, 오순절의 충만한 복은 고만고만한 대가로 얻어지지 않습니다. 그것을 소유하려는 자는 가진 것을 다 팔고 다 버려야 합니다. 우리의 능력과 삶의 매순간, 그리고 영과 혼과 육체를 통한 모든 신앙적 노력까지 하나님의 성령의 능력 아래 굴복해야 합니다. 하나님의 능력과 상관없는 독자적인 통제력이나 힘은 결코 설 자리가 없습니다. 모든 건 성령님의 인도하심 아래 있어야 합니다. 그래서 우리는 이렇게 말할 수 있어야 합니다. "어떠한 대가를 치르더라도 이 축복을 꼭 얻고야 말겠다." 모든 것을 깨끗이 비운 그릇만이 이 흘러넘치는 생수로 충만히 채워질 수 있습니다.

우리가 치러야 할 대가가 항상 곧바로 지불되지는 않습니다. 그럼에도 불구하고 거래가 성사되고 지불에 대한 약속이 담보되면 구매자는 곧바로 소유자가 됩니다.

성도 여러분, 바로 지금 이렇게 말하십시오. "난 어떤 값을 치르더라도 이 축복을 꼭 얻고야 말겠다." 예수님이야말로 우리가 모든 것을 포기할 능력을 얻게 될 것에 대한 확실한 보증이 되십니다. 확신과 인내로 하나님 앞에서 우리의 결단을 선포하십시오. 우리의 마음에 대고 이렇게 자주 반복해 말하십시오. "나는 세상에서 가장 귀한 진주를 샀다! 오순절의 충만한 축복을 얻기 위해 난 모든 것을 드렸다. 나는 하나님께 이 축복을 반드시 얻겠으며, 그렇게 될 것이라고 말씀드렸다. 이렇게 결단했기에 나는 기다리련다."

믿음으로 이 축복을 소유하는 것과 실제로 그것을 경험하는 것 사이에는 커다란 차이가 있습니다. 우리는 약속받은 것을 즉시 경험하고 누리지 못하면 낙심하기를 잘합니다. 우리가 오순절의 충만한 복을 받기 위해 모든 것을 버리고 다 배설물로 여긴 것이 분명하다면, 그 순간부터 주님은 우리의 헌신을 받으시고 성령의 충만함을 부어주실 것을 믿어야 합니다.

하지만 그때에 우리는 눈에 띄는 변화를 경험하지 못할 것입니다. 마치 우리 안의 모든 것이 예전 모습 그대로인 것처럼 느껴질지 모릅니다. 하지만 그때가 믿음으로 인내해야 하는 때입니다. 우리가 모든 것을 버리고 그분의 뜻에 복종한 것에 대해 하나님은 그 계약이 확실하고 완전히 성사된 것으로 인정하십니다. 그리고 우리는 이것을 이미 소유한 사람처럼 믿음으로 사는 법을 배워야 합니다.

하나님은 우리가 하늘에 속한 보물을 얻기 위해 모든 것을 판 사람임을 알아주십니다. 믿음 안에서 이 사실을 볼 줄 알아야 합니다. 하나님께서 성령의 충만함을 우리에게 주셨음을 믿으십시오. 이제 우리는 그 축복을 감지하고 또한 경험하게 될 것입니다. 하나님께서는 우리 안에서 이 축복이 용솟음치며 나타나게 하실 것입니다. 우리는 기쁨과 감사와 기대로 살아가야 합니다. 하나님은 우리를 결코 실망시키지 않으실 것입니다.

축복이 이루어질 것을 믿고 기다리십시오

믿음은 우리로 하여금 실제로 약속을 상속받으며 그것을 경험하고 누릴 수 있도록 해줍니다. 경험하지 못할 신념에 머무르면서 만족하지 마십시오. 진실로 주님께서 신적인 방법으로 우리에게 나타나신다는 확신을 갖고 하나님 안에서 믿음으로 안식하십시오. 때때로 그 모든 과정이 너무나 막연하고 이상하며 불가능해 보이더라도 말입니다.

두려워 마십시오. 우리는 이미 하나님께 성령으로 충만하게 해 달라고 말씀드리지 않았습니까? 이 사실을 분명히 인식할수록 그 과정을 이끌어가시는 하나님의 은혜가 얼마나 경이로운지 깨닫게 될 것입니다. 우리 안에는 이 축복이 흘러넘치는 것을 방해하는 뭔가가 있는데, 정작 우리는 그것을 모르는 상태일 수 있습니다. 하나님께서 그것들도 처리해 주실 것입니다. 그 모든 장애물들이 성령의 불로 태워지도록 내버려두십시오. 하나님의 얼굴빛과 그분의 사랑의 불꽃이 그것들을 불살라버리실 것입니다. 우리는 오직 주 하나님께만 집중하고 그분만 바라면 됩니다.

십자가에서 죽임 당하신 예수님을 영광의 생명으로 일으키신 분은 이와 동일하게 우리 안에 하늘에 속한 축복을 기적적으로 가져다주실 것입니다. 그때 우리는 성령님으로 충만해지고, 머리로가 아니라 삶의 경험으로 성령님을 실제로 받았음을 알게 될 것입니다.

하나님은 우리가 성령으로 충만해지도록 역사하기를 원하십니다. 우리의 모든 성품과 삶이 성령님의 권세 아래 놓이기를 원하십니다. 그분은 우리가 진정 그렇게 되길 원하는지 물으십니다. 우리는 여기에 어물쩍 대답해서는 안 됩니다. 전심으로 이렇게 외치십시오. "그렇습니다, 주님. 온 마음으로 그렇게 되길 원합니다!" 하나님의 이 약속이 우리 삶의 가장 중요한 원리요, 우리가 갈망하는 가장 소중하고 유일한 소원이 되게 하십시오. 그저 가끔씩 생각하고 한두 번 기도하는 것으로 만족해서는 안 됩니다. 지금 당장, 그 소원을 이루실 하나님을 붙드십시오.

성령 충만의 축복을 받기로 소원하고, 그것이 현실로 이루어질 것을 믿었다면, 이 축복이 하나님이 이루실 전능한 기적이 될 것을 기대하며 믿음으로 굳게 나아가십시오. 우리가 그 믿음을 더욱 견고하게 붙들고 나아갈수록 우리의 마음은 모든 족쇄로부터 풀려나 자유롭게 될 것이며 성령님으로 가득 채워질 것입니다. 그 일이 확실히 이루어질 것을 당연한 일로 받아들이게 될 것입니다.

7장. 축복을 지키시는 분

"나는, 내가 믿어 온 분을 잘 알고 있고, 또 내가 맡은 것을 그분이 그 날까지 지켜 주실 수 있음을 확신합니다. … 우리 안에 살고 계시는 성령으로 말미암아 그 맡은 바 선한 것을 지키십시오"(딤후 1:12, 14, 새번역).

오순절의 축복은 우리에게 맡겨진 은사입니다. 우리는 그것을 사용해야 하며, 그럴수록 은사로 주어진 축복은 더욱 강력해집니다. 주 예수님은 성령님으로 세례를 받으신 후에 그 성령의 이끄심에 순종하고 자신을 내맡기심으로서 완전케 되셨습니다. 이와 마찬가지로 오순절의 축복을 받은 그리스도인도 자신에게 맡겨진 증거물을 안전하게 지켜내야 합니다.

우리가 어떻게 해야 영적으로 성장할 수 있는지 물어보면 성경은 우리의 영적 생명을 주님께 담대하게 내어맡기라고 알려줄 것입니다. "나는, 내가 믿어 온 분을 잘 알고 있고, 또 내가 맡은 것을 그분이 그 날까지 지켜 주실 수 있음을 확신합니다. … 우리 안에 살고 계시는 성령으로 말미암아 그 맡은 바 선한 것을 지키십시오"(딤후 1:12, 14, 새번역). 유다 역시 이렇게 말했습니다. "언제나 하나님의 사랑의 울타리 안에서 살며"(21, 현대어성경). 그리고 "여러분을 넘어지지 않게 지켜 주시고, 여러분을 흠이 없는 사람으로 자기의 영광 앞에 기쁘게 나서게 하실 능력을 가지신 분"(24, 새번역)을 찬송하면서 서신을 끝맺습니다.

그 축복이 우리 안에서 견고하게 뿌리를 내리고 자라가려면 알아야 할 중요한 비밀이 있습니다. 바로 우리를 지키시는 주님, 그리고 주님과 깊은 교제를 누리게 하시는 성령님을 겸손히 의존하는 훈련을 지속적으로 감당하는 것입니다. 이 축복은 광야를 지나는 백성들에게 주어졌던 만나처럼, 매일 하늘로부터 새롭게 와야 합니다. 우리는 세상에 사는 동안 하늘에 속한 새 생명으로 살아야 하며, 이 생명은 매순간마다 밖으로부터, 위로부터 공급되는 신선한 공기로 유지되어야 합니다. 주님께서 어떻게 이렇게 영원히 내주하시고 다른 것들로부터 방해받지 않고 우리를 지키시는지 살펴보도록 합시다.

예수님이 축복을 지키십니다

예수님은 이스라엘을 지키시는 자입니다. 이것이 그분의 이름이자 사역입니다. 하나님은 세상을 창조하셨을 뿐만 아니라 세상을 지키고 유지하십니다. 예수님은 단지 오순절의 축복을 허락하시는 것에 만족하지 않으십니다. 성령님은 어떤 의미로도 우리에게 종속되시거나 위임을 받으시거나 우리가 마음대로 부릴 수 있는 분이 아니십니다. 그분은 우리 위에 계시면서 우리를 다스리시고, 매순간 그분의 사역을 차근차근 진행하시는 권능자이십니다. 우리는 자신의 무가치함과 무능함을 안고 성령님을 깊이 의지하면서 나아가야 합니다. 그것이 합당한 위치이며 적절한 태도입니다. 우리는 예수님께서 우리 안에서 그분의 사역을 행하시도록 우리 자신을 내어드리는 일에 가장 큰 관심을 기울여야 합니다.

영혼이 이 진리를 올바로 분별하지 않는 한 이 축복을 받는 것이 두려움으로 다가올 수도 있습니다. 그런 사람들은 이렇게 얘기할 것입니다. "저는 그런 거룩한 생활을 계속 해나갈 수가 없습니다. 항상 그렇게 고상한 삶을 살기는 어렵지요." 하지만 이런 생각은 사람들이 이 엄청난 실재에 대해 얼마나 피상적으로 알고 있는지를 보여줄 뿐입니다. 예수께서 영으로 우리 안에 거하신다면 그분은 그 축복을 끝까지 유지하도록 역사하시고 우리의 내적 생명 전체를 돌보실 것입니다.

오순절의 축복은, 언제나 깨어 있어 이것을 빼앗기지 않도록 살펴야 할 필요성은 있지만, 우리로 하여금 근심하지 않고 계속 기뻐하며 살아갈 수 있게 해줍니다. 주님께서 그분의 거룩한 성소로 친히 오셨습니다. 그분은 거기 거하시면서 모든 일을 이루어가십니다. 우리 영혼이 그분을 신실한 목자요 전능하신 파수꾼으로 알고 영광을 돌리게 되기를 주님은 바라십니다.

주님과 연합된 믿음이 축복을 지킵니다

하나님 나라의 모든 발전 단계마다 적용되는 법칙이 있습니다. 그것은 "무엇이든 우리의 믿음에 따라 주어진다"는 것입니다. 처음에 우리가 주 예수님을 영접했을 때 지녔던 믿음은 겨자씨 한 알처럼 작았습니다. 그리스도인으로 살아가는 동안 우리의 믿음은 확장되어서 그리스도 안에 있는 충만함을 날마다 더욱 풍성히 보고 누릴 수 있어야 마땅합니다.

바울은 갈라디아 사람들에게 이렇게 썼습니다. "내가 그리스도와 함께 십자가에 못 박혔나니 그런즉 이제는 내가 사는 것이 아니요 오직 내 안에 그리스도께서 사시는 것이라 이제 내가 육체 가운데 사는 것은 나를 사랑하사 나를 위하여 자기 자신을 버리신 하나님의 아들을 믿는 믿음 안에서 사는 것이라"(갈 2:20). 바울의 믿음은 참으로 광대했습니다. 그는 인생과 사역에서 필요한 모든 것을 믿음을 통해 얻었습니다.

그는, 모든 일마다 그리고 모든 순간마다 일말의 머뭇거림도 없이, 예수님께서 모든 일을 행하실 것을 신뢰했습니다. 바울의 믿음은 예수님으로부터 흘러나오는 에너지처럼 광대하고 풍성했습니다. 그는 자기의 생명을 주님께 드렸고 더 이상 자신이 주인 되어 살지 않았습니다. 바울은 예수님께서 자신의 인생을 제한받지 않고 끝까지 자유롭게 사용하시도록 지속적이고 한정 없이 믿었습니다.

성령의 충만함은 단번에 우리에게 주어지는 하늘의 선물 같은 게 아닙니다. 그것은 오히려 하나님과 어린양의 보좌로부터 끊임없이 솟아나오는 생명수의 흐름과도 같습니다. 이것은 예수님의 생명과 사랑이 방해받지 않고 우리와 교통하는 것이며, 이 땅에서 가장 인격적이고 친밀하게 주님을 만나는 일입니다. 우리가 믿음으로 이 진리를 분별하고 기쁨으로 매달린다면 예수님은 확실히 이 축복을 지키실 것입니다.

주님과의 교제가 축복을 지킵니다

예수님은 우리가 그분과 교제할 때 이 축복을 지켜주십니다. 오순절 축복의 유일한 목표가 있다면 그것은 예수님을 구주로 드러내는 것입니다. 그래야 그분이 세상에서 우리에게 맡겨진, 우리와 함께 있는 심령들을 구원하기 위해 능력을 나타내실 수 있기 때문입니다. 성령님은 단지 예수께서 계셨던 자리를 대체하기 위함이 아니라 제자들을 그들의 주님과 더욱 완전히 연합시키기 위해 오십니다.

우리는 위로부터 오는 능력을 자신의 것으로 생각해서는 안 됩니다. 그 능력은 주 예수님 그리고 성령님과 구분할 수 없을 만큼 긴밀히 결합되어 있습니다. 모든 능력은 그들 안에 계신 하나님께서 직접 일하신 결과입니다.

제자들이 주님을 따르고, 그분의 가르침을 배우고, 그분의 뜻을 행하고, 그분의 고난에 동참함으로 함께 나누었던 교제는 주님이 이 땅을 떠나신 뒤에도 계속되어야 했습니다. 오히려 보다 높은 차원의 경험으로 승화되어야 했습니다.

이것은 우리라고 다르지 않습니다. 우리 안에 계신 성령님은 언제나 예수님을 영광스럽게 하시고 그분만이 주님이심을 알리실 것입니다. 내적인 성소에서 하나님을 가깝게 만나고, 그분의 말씀을 성실히 탐구하면서 성경에서 주님의 뜻을 알고자 애쓰며, 구세주와의 깊은 만남을 위해 시간과 관심을 쏟아 붓는 일은 오순절의 축복을 풍성하게 하는 데 없어서는 안 될 것들입니다. 다른 무엇보다 주님과의 교제를 사모하는 사람은 그분이 축복을 지키시는 것을 몸소 체험할 것입니다.

철저한 순종이 축복을 지킵니다

주 예수께서 성령님을 보내겠다고 약속하셨을 때 그분은 순종하는 자들이 이러한 축복을 경험할 것이라고 세 번이나 말씀하셨습니다. "너희가 나를 사랑하면 나의 계명을 지키리라 내가 아버지께 구하겠으니 그가 또 다른 보혜사를 너희에게 주사 영원토록 너희와 함께 있게 하리니"(요 14:15-16). 베드로는 "하나님이 자기에게 순종하는 사람들에게 주신 성령"에 관해 말했습니다(행 5:32).

우리 주님도 그와 같은 순종의 삶을 사셨습니다. "자기를 낮추시고, 죽기까지 순종하셨으니, 곧 십자가에 죽기까지 하셨습니다. 그러므로 하나님께서는 그를 지극히 높이시고…"(빌 2:8-9, 새번역). 하나님은 순종을 요구하십니다. 순종은 타락으로 잃어버린 것을 회복시킵니다. 예수님은 우리에게 순종할 수 있는 힘을 회복하러 오셨습니다. 주님의 생명을 받은 자들은 그렇게 삽니다. 오순절의 축복은 순종과 별개로 오지 않으며 순종 없이는 우리 안에 거하지도 않습니다.

그리고 순종에는 두 종류가 있습니다. 그 중 하나는 오순절 이전의 제자들에게 나타났던 것과 같은 불완전한 순종입니다. 그런 사람들은 주님께서 명하신 바에 대해 마음으로 원하기는 하지만 그렇게 순종할 만한 능력이 없습니다. 하지만 주님은 그들의 이러한 소원과 결심도 순종으로 여기십니다. 다른 하나는 성령의 충만하심과 함께 오는 것인데, 새 능력을 받아 온전한 순종을 하게 되는 경우입니다. 이때 우리는 성경이 말하는 풍성한 삶을 살아갑니다.

오순절의 온전한 축복을 경험한 사람은 아주 작은 부분까지도 철저히 순종합니다. 이러한 상태에서 우리는 예수님의 목소리를 직접 들음으로써, 또 성령의 목소리를 들음으로써, 그리고 양심의 소리에 귀를 기울이며 예수님의 인도하심을 따라갑니다. 우리 안에서 오순절의 생명력이 확실하고 강력하게 살아 숨 쉬게 하는 방법은 무엇일까요? 예수님을 알고, 그분을 사랑하며, 우리 주님께서 순종하는 자로서 아버지를 기쁘시게 하셨듯이 우리도 순종하신 예수님을 깊이 받아들이는 것입니다.

이렇게 순종을 연습하다보면 우리 영혼은 놀랍게 견고해지고 확신을 얻게 되며, 하나님을 신뢰하고 그분으로부터 모든 것을 기대할 수 있습니다. 강한 믿음을 위해서는 강한 의지가 필요한 법인데, 하나님의 뜻에 순종하면서 이 의지는 더욱 굳게 연단을 받아 모든 일에서 하나님을 신뢰하게 됩니다. 주님께서 우리를 더욱 풍성한 축복의 길로 이끄시는 방법은 오직 이것뿐입니다.

한 몸 된 교회가 축복을 지킵니다

주께서 풍성한 축복을 부어주시기 시작할 때 우리는 주로 자신에 대해 생각하게 됩니다. 그 축복을 새로운 경험으로 받은 후에도 우리는 여전히 이 축복을 자신을 위해 어떻게 안전하게 지켜 나갈까를 고심합니다. 하지만 성령님은 우리가 다른 이들과 분리된 상태에서는 건강한 생명을 누릴 수 없음을 알기 바라십니다. 우리는 혼자가 아니라 오직 한 몸과 한 영으로서의 교회의 지체입니다. 성령의 충만함을 누리려면 이러한 한 몸 된 연합이 반드시 필요합니다.

이 원리는 축복이 유지되려면 어떠한 조건이 필요한지에 관해 우리에게 아주 중요한 교훈을 전해줍니다. 우리가 가진 모든 것은 다른 사람들에게 속해야 하고 또 그들을 섬기기 위해 사용되어야 한다는 것입니다. 그들에게 있는 것 역시 모두 우리의 것이고 우리에게 꼭 필요합니다. 지체들이 한 몸으로 서로 연합하여 사역할 때 성령께서는 주님의 몸을 통해 효과적으로 역사하실 수 있습니다.

주께서 우리를 위해 행하신 일들을 사람들과 나누고, 그들에게 중보를 요청하며, 친교를 갖도록 하십시오. 그리고 주님이 우리에게 주신 것으로 그들을 도우십시오. 우리는 이 시대의 교회가 처한 불행한 형편을 마음에서 지우지 말아야 합니다. 이것은 판단하고 비판한다고 해결되지 않습니다. 오직 겸손함과 기도의 영으로만 감당할 수 있습니다.

예수님께서는 우리에게 "사랑이 가장 위대하다"는 말이 어떤 의미인지를 가르쳐주실 것입니다. 그분의 몸 된 교회를 복되게 하기 위해 순종한 정도에 따라 주님은 우리 안에 축복을 더하실 것입니다.

예수 그리스도라는 이름 자체가 영혼을 구원하시는 하나님의 거룩한 사역에 주님이 모든 것을 다 바치셨음을 증거합니다. 그분이 이 땅에서 사셨던 것도, 그리고 지금 하늘에서 사시는 것도 바로 이러한 목적을 위해서입니다. 그리스도의 영을 소유했다고 하는 사람이 하나님의 사역과 영혼을 구원하는 일에 목표를 두지 않고 사는 것을 상상할 수 있습니까? 그것은 불가능한 일입니다. 그러므로 우리는 처음부터 이러한 성령의 두 가지 방면이 긴밀하게 연결되도록 해야 합니다. 성령께서 우리 안에서 이루시는 일은 그분이 우리를 통해 이루시려는 일을 위함이기도 합니다. 우리는 우리 자신을 성령께 내어드려 그분이 주님의 사역을 하시도록 해야 합니다.

내주하시는 예수님이 분명히 이 일을 이루십니다

예수님이 우리를 지키시는 분이라는 얘기를 자주 하지만, 나는 그때마다 우리가 언제나 주님의 손 안에, 그리고 그분의 능력 아래 있다는 사실을 정말 알고 있는지 의구심이 들곤 합니다. 하지만 그리스도가 우리 안에 계시다는 것을 성령님이 알려주시면 그 진리는 더없이 분명하고 영광스러워집니다. 그분의 내주하심은 사람이 집에 들어가 살거나 유리잔에 물을 담는 것과는 다른, 그 이상의 의미가 있습니다. 그것은 마치 우리 몸 안에 있는 영혼이 모든 영역을 제어하며 서로가 결코 분리되지 않는 것과 같습니다.

그렇습니다. 창공에 높이 떠 있는 태양은 그 열로 우리의 뼈와 골수에 침투해 들어오며 우리 생명 전체에 활력을 줍니다. 이와 마찬가지로 하늘에 높이 오르신 주 예수님은 그분의 영으로 우리 안에 꿰뚫고 들어오십니다. 그리스도께서 우리 안에 거하심은 그분의 성품으로 우리의 모든 본성에 침투해 들어오는 것입니다. 성령께서는 우리 안에 예수님의 임재를 깊이 허락하시기 위해 오셨습니다. 그리하여 우리의 의지와 생각과 감정은 전부 그분에 의해 다스림을 받을 수 있습니다.

이 사실을 온전히 이해했다면 우리는 더 이상 우리 바깥에서 어떤 존재를 통해 외적인 보호를 받을 생각을 하지 않아도 됩니다. 우리는 신적인 방식으로 마음을 붙드시는 그분이 우리 생명에 활력을 주시며 소생시키실 것을 확실히 믿을 수 있습니다. 그런 다음 우리는 내주하시는 예수께서 그 축복을 지키시고 성령의 충만함을 유지하시는 일이 자연스럽고 확실하게 이루어지는 것을 보게 됩니다.

성도들이여, 우리 중에 이러한 성령으로 충만한 삶을 살고 싶지만 그것을 다시 잃어버릴까봐, 그분이 우리를 지키지 못하실까봐 염려하는 사람이 있습니까? 예수님은 이 축복을 지속시키시며 확실히 지켜내실 것입니다. 우리 가운데 이 축복을 원하지만 그 비밀이 어디 있는지 이해하지 못하는 사람이 있습니까? 그 비밀은 바로 이것입니다. 예수 그리스도께서 육체를 입으시고 제자들과 매일 함께 하셨듯이 그분은 성령으로 우리 안에서 그분의 삶을 매일 살아가십니다. 오직 산꼭대기에 올라본 사람만이 그곳에서 풍경이 어떤지 온전히 이해할 수 있는 것처럼 말입니다.

비록 모든 것을 이해하지는 못할지라도 이것만은 믿으십시오. 주 예수님은 성령을 보내셔서 눈에 보이는 다른 것 없이도 우리를 그분의 신적인 권능으로 지켜내실 것입니다. 그분을 신뢰하십시오. 이 축복을 받기 위해 모든 짐들일랑 그분께 다 내려놓으십시오. 그분은 우리가 영원한 생명을 누릴 수 있도록 우리 안에서 솟아나는 샘이 되어 주십니다.

8장. 축복 위에 축복을 더하는 법

"나를 믿는 자는 영원히 목마르지 아니하리라"(요 6:35).
"나를 믿는 자는 … 그 배에서 생수의 강이 흘러나오리라"(요 7:38).

오순절의 충만한 축복이 더욱 커질 수 있을까요? 이미 충만한데 더욱 충만해지는 것이 가능합니까? 예, 물론입니다. 의심의 여지없이 그렇습니다. 아주 충만해지면 그것은 흘러넘치는 법입니다. 오순절의 축복이 그렇습니다.

우리 복되신 주 예수님의 말씀은 이러한 갑절의 축복이 있음을 보여줍니다. 첫째, 예수님은 "나를 믿는 자는 영원히 목마르지 않을 것"이라고 말씀하셨습니다. 예수님을 믿는 자들은 항상 자신의 필요가 채워지는 만족을 누린다는 말입니다. 그 다음에 주님은 보다 장엄하고 영광스러운 일에 대해 말씀하십니다. 주님을 믿는 자들은 그의 심연에서 생수의 강이 흘러나와 다른 이들의 목마름 문제를 해결하리라는 것입니다. 이것이 충만한 것과 흘러넘치는 것을 구별하게 해줍니다. 어떤 그릇이 말 그대로 충만할 수는 있지만 다른 사람들에게는 아무 것도 줄 것이 없는 경우가 있습니다.

반면 그 그릇에 내용물이 충만해지고 흘러넘치면 다른 이들에게 줄 것이 있게 될 것입니다. 주님은 자기를 믿는 제자들에게 바로 이것을 약속하셨습니다. 처음에 그분을 믿게 되면서 제자들은 결코 목마르지 않는 축복을 얻습니다. 그러나 그들의 믿음이 자라가고 강해질수록 제자들은 다른 사람에게 생수를 흘려보내는 샘이 됩니다. 처음에는 단지 우리를 채우셨던 성령님께서 우리에게서 흘러나와 주위의 다른 영혼들에게 다가가십니다.

땅 위에 있는 많은 샘들을 떠올려보면 이러한 생수의 강을 더 잘 이해할 수 있습니다. 처음에 이 샘을 발견했을 때 그 물줄기는 매우 약합니다. 하지만 점점 물을 사용할수록 깊이 있던 물 근원은 더욱 열리고 물의 흐름도 세집니다. 영적 생명이라는 영역에서 우리에게 이러한 성령의 충만함이 지속적으로 넘쳐나게 하려면 무엇이 필요한지 궁금하지 않습니까? 이 지식에 도달하기 위해 도움이 될 만한 몇 가지 지침들을 살펴보도록 합시다.

우리에게 있는 것을 굳게 붙드십시오

하나님께서 우리에게 허락하신 축복에 대해 오해하지 말기 바랍니다. 충만한 축복이 무엇인지에 관해 잘못된 개념들을 갖지 않도록 조심하십시오. 오순절의 기쁨과 능력은 반드시 느껴져야 하고 곧바로 눈에 보여야 한다는 생각은 마십시오. 오늘날 이 땅의 교회가 죽은 것이나 다름없는 상태라면 회복은 때때로 느리게 찾아옵니다.

처음에 충만한 축복은 우리에게 씨앗과 같은 형태로 찾아옵니다. 우리는 충만한 축복에 대한 갈망을 품어 왔습니다. 충만한 축복을 얻기 위해 자신을 아낌없이 내려놓았습니다. 하나님께서 우리의 헌신을 받으시고 약속을 성취하실 것을 잠잠히 믿었습니다. 그러한 믿음으로 우리는 즐거워하며 나아갔습니다. 그리고 이렇게 말했습니다. "성령의 충만한 축복이 바로 나를 위해 예비되었다."

하지만 실제 축복에 대한 경험은 우리의 예상대로 오지 않았습니다. 우리는 자신의 내려놓음이 진짜가 아니고 단지 일시적인 감정에 불과한 것 아니었을까 하는 우려를 갖게 됩니다. 진짜 축복은 우리가 이제껏 받아본 어느 것보다 더 대단하고 강력한 것이 아닐까 두려워하게 됩니다. 그 결과 우리가 받았던 복은 금세 초라해 보이기 시작합니다. 이런 실망을 겪으며 우리는 앞으로 나아가는 대신 뒤로 물러납니다.

이렇게 되는 이유는 단순히 믿음이 부족하기 때문입니다. 우리는 하나님과 그분의 사역이 눈에 보여야 하고 만져져야 한다고 쉽게 판단하는 경향이 있습니다. 우리는 이 모든 과정이 믿음의 역사임을 잊어버립니다. 비록 고상한 계시를 받고 대단한 진보를 이룬 그리스도인이라 할지라도, 눈에 보이거나 경험되는 하나님의 일하심을 기대할 것이 아니라 영적이고 비가시적이며 깊이 감추어지고 상상하기 힘든 하나님의 일하심에 믿음을 두어야 합니다.

비록 지금 절망스러운 상황이더라도, 주님의 약속에 따른 참된 생명을 기대할 것을 갈망합니까? 그렇다면 이런 조언을 드리고 싶습니다. 자신을 온전한 마음으로 하나님께 내려놓았다면, 그분 앞에 잠잠히 안식하며 믿음을 신실하게 붙잡으십시오. 그러면 하나님과 그분이 약속하신 충만한 복을 알게 될 것입니다.

하나님 앞에서 우리 자신을 비워 깨끗한 그릇이 되었다면, 그분 앞에서 잠잠히 기다리며 그대로 머무십시오. 하나님께서 (예수 그리스도를 통해 그리고 우리의 전적인 내어드림으로 말미암아) 깨끗한 그릇이 된 우리를 가득 채우실 것을 믿는다면, 변함없는 이 자세로 날마다 살아가십시오. 하나님이 주신 축복은 점차 불어나서 흘러넘치게 될 것입니다. "이것을 의지하는 사람은 불안하지 않을 것"(사 28:16, 새번역)입니다.

자기를 부인하며 인내하십시오

자기를 부인함으로 우리는 하나님 나라의 진주를 얻기 위해 모든 것을 희생하고 버릴 준비가 되었다고 진심으로 말했습니다. 하나님은 이러한 헌신을 기뻐 받으십니다. 하지만 우리는 우리가 내뱉은 말의 중요성을 아직 온전히 이해하지는 못했습니다. 우리는 우리의 자아가 무엇이며, 그것이 얼마나 깊이 우리 본성에 뿌리박혀 있으며, 얼마나 철저히 부패했으면서도 한편으로 은밀히 감추어져 있는지에 대해 하나님으로부터 더 많이 배워야 합니다.

그러므로 날마다 우리 생명을 부인할 수 있도록 성령님께 자리를 내어드리십시오. 우리가 원한다면 그분은 우리 빈 자리에 오셔서 채우십니다. 우리가 할 수 있는 한 모든 것을 버리고 희생했다고 하지만 그럴지라도 성령님의 가르침에 언제나 마음을 열어놓아야 합니다. 그분은 모든 것을 희생하는 태도가 교회 안에서 편만해질 때 그 축복이 다시금 터져 나와 생수의 강처럼 흐르게 될 것을 우리에게 알게 하실 것입니다.

하지만 놀라운 사실은, 때로는 아주 소소한 일들이 이 축복이 계속 커지지 못하도록 방해한다는 점입니다. 예를 들면 친구들 사이에 사소한 의견다툼이 있을 때, 그리스도의 법에 따라 즉시 용서하고 인내하지 않는다면 어떤 일이 일어나는지 생각해보십시오. 자신의 감정이 지나치게 예민해지도록 내버려두거나 낮은 자리에 처할 준비가 되어 있지 않으면서 큰 야망을 품을 때도 그렇습니다. 또한 세상에 속한 소유를 마치 우리 것인 양 움켜쥐거나 사용할 때에도 축복은 방해를 받습니다.

그리고 그 자체로는 합법적이고 순수한 것들이지만 하나님의 영에 이끌림을 받는다고 고백하는 사람들에게는 어울리지 않는 것들이 많습니다. 우리도 가난하게 되신 주 예수님처럼 우리가 소유한 하늘의 분깃만으로 우리의 모든 욕망을 잠재울 수 있음을 보여주어야 합니다. 그렇게 하지 않는다면 우리는 너무도 쉽게 육체의 소욕에 기회를 내어주어 온갖 불안한 것들에 사로잡히게 됩니다.

그리스도인들이여, 진실로 성령의 충만한 복을 온전히 누리기 원합니까? 그렇다면 유혹이 찾아오기 전에, 예수님을 닮고 그분의 제자가 되는 것의 의미를 온전히 이해하기 위해 애쓰십시오. 그리고 모든 것을 버리십시오. 이 세상에서 백 배로 주시겠다는 확실한 약속에 힘을 얻어 주님께 순종하십시오. 후히 되어 누르고 흔들어 넘칠 정도의 충만한 복이 주어질 것입니다.

희생과 나눔이 있는 곳에 축복이 넘칩니다

하나님은 사랑이십니다. 그분은 자신의 모든 것을 사랑으로 아낌없이 주심으로 피조물의 생명이 되어 주셨고 그 피조물이 자신의 거룩과 복되심에 참여하게 하셨습니다. 주님은 생명이 있는 모든 자를 축복하고 돌보십니다. 주님은 그분이 소유한 모든 것을 피조물들의 손에 맡기셨으며 이것은 하나님으로서 그분의 영광을 드러내는 일이기도 합니다.

예수 그리스도는 하나님의 아들이시자 하나님의 사랑을 품고, 가져와서 나누어주시는 분입니다. 하나님은 보이지 않는 하늘에 계신 분이지만, 주님은 이 땅에서 당신의 모습을 드러내셨습니다. 주님이 오셔서 인간의 생애를 살다가 고난당하고 죽으신 것은 아버지의 사랑이 얼마나 영광스러운지를 보여주심으로 아버지를 영화롭게 하기 위함이었습니다. 예수님은, 하나님께서 사람들을 축복하고 그들을 행복하게 하는 데에 큰 관심을 갖고 계시며, 자기 자신을 내어주고 희생하는 것이 사람에게 얼마나 영예롭고 복된 일인지 보여주고자 오셨습니다.

성령님은 우리가 신적인 축복에 참예하도록 하기 위해 아버지와 아들의 영으로 오셨습니다. 그리고 우리 마음에 하나님의 사랑을 넓게 비추십니다. 그리하여 그 아들과 그분의 사랑이 우리 안에 내주하게 되고 우리의 내적인 사람은 그분을 닮아갈 수 있는 것입니다.

그러므로 우리가 성령의 충만을 구하고 받는다면, 우리는 사랑으로 섬기는 일에 자신을 내어줄 준비가 되었고 이러한 축복을 누릴 자격을 갖춘 자입니다. 성령님은 오셔서 자아와 자기 소욕을 내쫓으십니다. 성령의 충만함을 받는다는 것은 스스로 종이 되어 다른 이들을 축복하는 일에 우리 자신을 거룩히 구별했음을 의미합니다. 성령님은 하나님의 생명의 유출입니다. 우리가 하나님께 자신을 내어드린다면 그분은 우리 마음 깊은 곳으로부터 솟아나는 생수의 강이 되어 주십니다.

성도들이여, 우리에게 오순절의 축복이 충만하여 흘러 넘치기를 원한다면 하나님의 사랑이 우리를 통해 역사하시도록 살아가야 합니다. 성령님을 통해 우리 안에 주어진 하나님의 사랑으로 주위의 모든 사람을 사랑하십시오. 아무리 연약하고 대책 없는 사람이라도 그 역시 하나님의 자녀이므로 마음 깊이 사랑하기 바랍니다. 모든 가능한 방법을 동원해 사랑을 표현하고 나누십시오. 또한 구원받지 못한 이들도 사랑해야 합니다. 하나님을 사랑할 수 있도록 성령님께 자신을 내어드리십시오. 그렇게 하면 말하고 일하고 나누고 기도하는 일에서 우리는 사랑의 지배를 받아 살아가게 될 것입니다.

비록 우리가 아무 일도 할 수 없고 아무 능력이 없다 할지라도, 기도는 할 수 있습니다. 우리에게 기도의 문은 언제든지 활짝 열려 있습니다. 우리의 기도를 통해 하나님의 은혜의 보좌로부터 능력이 옵니다. 사랑으로 온 세상을 품으십시오. 우리 마음 안에 계신 그리스도는 구원받지 못한 자들의 주님도 되시기 때문입니다. 성령님은 그들을 구속하시는 그리스도의 능력이 되십니다. 하나님, 예수님, 성령님처럼 우리도 다른 이들을 축복하는 삶을 살아야 합니다. 그러면 그 축복은 물처럼 흐르고 곧 흘러넘치게 될 것입니다.

예수 그리스도가 모든 것이 되게 하십시오

우리는 성경의 이 말씀을 알고 있습니다. "하나님의 약속은 얼마든지 그리스도 안에서 예가 되니 그런즉 그로 말미암아 우리가 아멘 하여 하나님께 영광을 돌리게 되느니라"(고후 1:20). 생수의 강에 관해 말씀하시던 주님은 이 말씀에 담긴 약속을 자신에 대한 믿음과 연결시키셨습니다. "나를 믿는 자는 성경에 이름과 같이 그 배에서 생수의 강이 흘러나오리라." 우리가 "믿는다"는 단어를 올바로 이해했다면 어떻게 오순절의 축복이 더욱 넘쳐흐를 수 있는가에 대한 분명한 답을 얻은 셈입니다.

우리에게 믿음은 예수님께서 신적인 사랑을 흘려보내는 샘물이라는 사실을 성령님으로 말미암아 알게 되는 것입니다. 성령님은 언제나 주님으로부터 흘러나오시는데, 그분은 이 사랑에서 비롯되었을 뿐만 아니라 언제나 이 사랑으로부터 솟아나는 생명을 소유하신 분입니다. 그렇다면 믿음은 그리스도의 약속을 품는 것이자 그리스도 안에서 공급되는 축복을 우리 것으로 소유하는 것이며 축복을 받을 것을 확신하는 가운데 안식하고, 하나님께서 앞으로 하실 일에 감사하는 것입니다.

그러므로 믿음은 우리 영혼을 활짝 열어놓아 그리스도께서 그 축복을 갖고 들어오시게 하는 것이며 우리를 비워 가득 채우시도록 내어드리는 것입니다. 믿음은 그리스도께서 왕으로 좌정하신 영혼과 하나님 사이에 이루어지는 가장 뜨겁고 끊어지지 않는 교제입니다.

우리는 "믿으면 하나님의 영광을 보게 되리라"는 교훈을 배워야 합니다. 예수께서 우리 안에 언제나 일하고 계심을 신뢰하고 기뻐한다면 우리 안에 있는 모든 의심과 연약함, 시험거리는 문제가 되지 않습니다.

신자인 우리는 두 가지 방면으로 죄를 상대해 싸웁니다. 한 가지는 자기의 힘을 다하여 그것을 물리치되, 말씀과 기도로 그렇게 할 힘을 구합니다. 이런 식으로 싸울 때 우리는 의지력을 사용합니다. 다른 하나는 유혹을 받는 모든 순간마다 잠잠히 믿음을 사용하면서 주 예수님께로 돌아가는 것입니다. 우리는 이렇게 말합니다. "주님, 제겐 아무런 힘도 없습니다. 주님께서 저를 지켜주소서."

이것이 바로 믿음을 사용하는 방법입니다. "자기를 돕는 그리스도를 믿고 의지함으로써 죄와 악한 쾌락을 물리쳐 이길 수 있는 것입니다"(요일 5:4, 현대어성경). 우리에게는 오직 한 분 예수님이 필요합니다. 그분만이 우리 안에서 성령의 사역을 지속적으로 이루실 수 있습니다. 끊임없이 믿음을 사용하게 되면 축복 역시 그치지 않고 흘러나오게 될 것입니다.

모든 생물은 신선한 공기를 호흡하여 생명이 늘 새로워져야만 이 땅 위에서 살아갈 수 있습니다. 이와 마찬가지로 하나님께서는 실제적으로 내 안에 있는 신적 생명을 매 순간 새롭게 하시고 강하게 하셔야 합니다. 그리스도께서는 매순간 우리에게 모든 것이 되셔야 합니다. 우리가 그리스도와 연합되어 있다면 그분은 우리 안에 이 일을 이루십니다. 그리스도는 분명, 우리에게 전달되기 위해 준비된 하나님의 모든 충만이고, 하나님의 생명이며, 하나님의 사랑이십니다. 그리고 성령님은 분명, 몸이 공기에 둘러싸여 있듯 그렇게 우리를 둘러싸고 계시는 그리스도의 충만이고, 그리스도의 생명이며, 자신을 전달하시는 그리스도의 사랑입니다.

우리 주위를 하늘 능력으로 둘러싸고 계시는 분, 성령의 강물을 우리를 통해 흘려보내기를 갈망하시는 그리스도 안에 우리가 있음을 확신합시다! 우리 마음에 전능자 주님께서 권능으로 당신의 말씀을 성취하신다는 즐거운 확신으로 가득차게 합시다! 우리는 오직 그분을 뵙고, 그분 안에서 기뻐하며, 그분을 위해 모든 것을 희생하는 것 외에는 다른 도리가 없습니다. 그렇게 할 때 주님의 말씀은 진실로 이루어질 것입니다. "나를 믿는 자는 성경에 이름과 같이 그 배에서 생수의 강이 흘러나오리라."

9장. 성령이 온전히 나타나시는 삶

> 내가 … 아버지 앞에 무릎을 꿇고 빕니다. 아버지께서 그분의 영광의 풍성하심을 따라 그분의 성령을 통하여 여러분의 속사람을 능력으로 강건케 하여 주시고, 믿음으로 말미암아 그리스도를 여러분의 마음속에 머물러 계시게 하여 주시기를 빕니다. 여러분이 사랑 속에 뿌리를 박고 터를 잡아서, … 지식을 초월하는 그리스도의 사랑을 알게 되기를 빕니다. 그리하여 하나님의 온갖 충만하심으로 여러분이 충만하여지기를 바랍니다. (엡 3:14-19, 새번역)

하나님이 베푸시는 모든 축복은 변질되지 않는 생명력을 가진 씨앗과도 같습니다. 성령으로 충만해진다는 것은 더 이상 아쉬울 게 없는 완전무결한 상태를 의미하지 않습니다. 이것은 결코 사실이 아닙니다. 주 예수님은 세례를 받고 성령으로 충만해지신 후에도, 계속해서 유혹과 싸우고 순종을 배우면서 보다 완전해지기 위한 여정을 걸어가셔야 했습니다. 제자들이 오순절 날 성령의 충만을 받은 것도, 그들 삶에서 죄에 대해 승리하기 위해 높은 곳으로부터 오는 능력을 받은 것이었습니다.

성령님은 진리의 영이시며 우리를 진리 가운데로 인도하십니다. 그분은 우리가 하나님의 영원한 목적을 따라 살고, 그리스도를 알아가며 참으로 거룩해지고 하나님과 온전한 교제를 누릴 수 있도록 우리를 이끄십니다. 성령의 충만함을 받는 것은 다름 아니라 우리가 하나님의 자녀답게 살고 일할 수 있도록 온전히 구비되는 것입니다.

이런 관점에서 보면 하나님의 모든 자녀가 성령의 충만함을 받는 것이 얼마나 중요한지 확신할 수 있습니다. 또한 앞의 본문에서 바울이 사람을 가리지 않고 모든 신자들을 위해 이런 기도를 드린 이유를 이해할 수 있습니다. 그는 하나님의 자녀들 중에 유명하거나 특별히 사랑받는 사람들만 이런 축복을 누릴 자격이 있다고 여기지 않았습니다. 회심하면서 믿음으로 성령님을 받은 사람은 누구든지 이 축복을 받아야 한다고 그는 기도합니다.

그는 성령의 특별한 사역으로 말미암아 하나님께서 그들을 위한 진정한 뜻을 이루어주시도록 간구했습니다. 그것은 하나님의 모든 충만함으로 그들이 충만해지는 것이었습니다. 바울의 기도는 그리스도인이 어떠한 모습으로 드러나야 하는지를 영광스럽게 보여줍니다. 이제는 이 성령의 축복이 온전하고 충만하게 나타나는 것이 무엇인지에 대해 살펴보도록 합시다.

속사람이 강건해져야 합니다

에베소서 앞부분에 보면 본문의 그리스도인들은 그리스도를 믿을 때에 성령을 받았음이 분명합니다. 하지만 바울이 보기에 그들은 성령께서 어떤 일을 하시는지 다 알지 못했습니다. 사도는 그들이 이러한 무지로 인해 더 이상 믿음의 진보를 이루지 못할 수도 있음을 알았습니다.

그리하여 바울은 무릎을 꿇고 그들을 위해 "아버지 하나님께서 넘쳐흐르는 영광으로 성령을 통하여 그들의 속사람을 굳세게 해주시기를"(3:16, 현대어성경) 쉬지 않고 기도합니다. 이러한 아버지의 견고케 하심은 성령의 충만하심을 덧입는 것과 같으며, 동일한 축복을 다르게 본 것입니다. 우리가 건강하고 지속적으로 성장하며 열매맺는 삶을 살려면 이러한 상태가 되지 않으면 안 됩니다.

바울은 아버지께서 이러한 선물을 허락해주시도록 기도합니다. 하나님의 영광의 풍성함을 따라 이런 것들을 베풀어주시도록 요청합니다. 그가 간구하는 것은 결코 평범하거나 사소한 것이 아닙니다. 하나님께서 은혜의 모든 풍성함을 기억하사 우리에게 가져오시고, 속사람 안에 계신 성령으로 말미암아 성도들을 강건하게 해주시도록 갈망합니다.

오, 그리스도인들이여, 우리가 매일 살아가는 그 생명은 하나님의 뜻과 그분의 은혜에, 그리고 하나님의 전능하심에 의존하고 있음을 깨닫기 바랍니다. 예, 그렇습니다. 하나님께서는 매순간 우리의 속사람 안에서 일하시고 그분의 성령으로 우리를 강건하게 하셔야 합니다. 그렇지 않으면 우리는 그분이 의도하신 삶을 살 수 없습니다. 자연 세상에서 하나님이 그 생명을 유지하지 않으신다면 단 하나의 생명체도 존재할 수 없듯이, 하나님께서는 우리 안에서 매순간 일하시기 위해 성령의 선물을 직접 약속하셨습니다.

그러므로 우리는 하나님을 온전히 의존하는 법을 배워야 합니다. 성령님의 강건하게 하시는 능력으로 단 한 순간도 다른 것에 방해받지 않는 인생을 살아가려면 하늘 아버지께 자녀인 우리의 권리를 호소해야 합니다. 바울이 에베소 성도들을 위해 무엇을 기도했는지 말한 이유는 그들이 자신들에게 필요한 것을 깨닫고 그것을 직접 구하기를 원했기 때문입니다.

오직 하나님으로부터만 모든 것을 기대하십시오. 아버지께서 우리에게 그분의 영광의 모든 풍성한 것들을 드러내주시기를 무릎으로 구하고 또한 기대하십시오. 성령님은 이미 우리 안에 알려지지 않고 숨겨져 있으며 활동을 준비하는 씨앗으로 와 계십니다. 그러니 하나님께서 그분의 영으로 우리의 속사람을 능력으로 강건하게 해주시기를 구하고 소망하기 바랍니다. 이것을 우리 영혼의 갈망이요 확신으로 삼으십시오. "하나님은 나를 성령님으로 충만하게 채우실 것입니다. 하나님은 그분의 전능하신 힘으로 성령님을 통해 나를 강건하게 하실 것입니다." 우리의 삶

전체가 이 기도로, 이 기대로 날마다 흠뻑 젖어들게 하십시오.

그리스도가 우리 안에 머무셔야 합니다

이것이 그분의 신적인 권능이 성령님으로 우리 속사람 안에서 능력으로 일하실 때 나타나는 영광스러운 열매입니다. 영원히 계신 아버지의 위대한 사역은 이처럼 우리 안에 당신의 아들을 나타내시는 것입니다.

그분 안에서만 하나님이 즐거워하시는 일이 실현됩니다. 아버지께서는 오직 아들을 통해서만 피조물과 관계를 맺으십니다. 하나님은 피조물 안에서 아들을 발견하셔야만 즐거움을 누리십니다. 구속 역사에서 하나님이 행하시는 큰 일은 우리 안에 그 아들을 계시하셔서 우리 생명이 예수의 생명을 눈에 보이게 나타내는 것입니다.

그리스도의 내주하심은 사람이 집에 거하는 것과 같지 않습니다. 그분은 우리 안에 내주하셔서 하나님께 드려지고 되살아난 성도의 마음을 소유하시고, 사람들의 가장 깊은 내면을 그분의 생명으로 관통하십니다. 아버지께서는 우리를 성령의 권능으로 강하게 하십니다. 그렇게 하여 우리 의지에 생기를 불어넣고, 예수님이 그러셨던 것처럼, 하나님과 동일한 뜻으로 살아가게 만드십니다.

그 결과 우리 마음은 예수님의 마음처럼 겸손함과 복종으로 그분 앞에 엎드려 오직 하나님의 영광만을 구하게 됩니다. 우리의 온 영혼은 예수님을 향한 갈망과 사랑으로 전율합니다. 이러한 내적인 갱신으로 인해 우리 마음은 주님께서 내주하실 적합한 장소가 됩니다. 성령님에 의해 그분은 우리 안에서 계시되시고, 우리가 함께하시는 주님과 깊고 거룩한 연합을 이루는 것과 같이 그리스도께서 우리 안에 생명으로 실제 거하신다는 사실을 알아갑니다.

성도들이여, 하나님께서는 우리 안에서 주님을 보기를 원하십니다. 그분은 우리 안에 그리스도가 거하시도록 능력 있게 일하실 준비가 되어 있습니다. 아버지께서는 우리에게 임하신 성령님에 의해 아들의 생생한 임재가 항상 우리 안에 나타나도록 힘 있게 역사하십니다. 예수님은 우리를 무척 사랑하시며 간절히 바라십니다. 우리 마음에 자신의 거처를 정하지 않으시고는 안식하지 못하실 정도입니다. 성령의 충만함으로 우리에게 가져오신 최상의 축복이 이것입니다.

믿음으로 우리는 성령님의 내주하심을 받고 아버지께서 성령님을 통해 일하심을 알게 됩니다. 믿음으로 우리는 마치 하늘에서 빛나는 태양을 발견하듯, 눈에 보이지 않는 세계를 분별합니다. 그리하여 마음속에 살아계신 예수님을 받아들이고 그분을 알아갑니다. 지상에 계실 때 주님께서 제자들과 변함없이 함께 하셨듯이 그분은 우리 안에 거하시면서 우리에게 자신의 임재와 사랑을 누리도록 허락하실 것입니다.

그러므로 사랑하는 성도여, 아버지께서 우리를 성령으로 강건하게 해주시고 마음에 성령의 충만함을 받게 해달라고 기도하십시오. 그럴 때에야 비로소 우리 안에 그리스도께서 믿음으로 거하신다는 것이 어떤 의미인지를 깨닫게 될 것입니다.

그리스도의 사랑을 알아야 합니다

"여러분이 사랑 속에 뿌리를 박고 터를 잡아서, … 지식을 초월하는 그리스도의 사랑을 알게 되기를 빕니다." 사랑은 마음 안에 내주하시는 그리스도께서 맺으시는 영광스러운 열매입니다. 성령님에 의해 하나님의 사랑이 우리 마음에 크게 부어지게 됩니다. 우리 안에 거하시는 그리스도께서 하나님과 함께 나누셨던 그 사랑을 우리에게 가져오십니다. 하나님이신 아버지와 아들 사이에는 사랑의 생명으로 충만합니다. 이와 마찬가지로 성령님도 절대적인 사랑입니다. 그리하여 우리 안에 계신 그리스도의 생명도 다른 것이 아닌 사랑입니다.

따라서 우리가 사랑 속에 뿌리를 박고 터를 잡게 되는 것입니다. 우리는 사랑이라는 토양 속에 심겨져서 하늘에 속한 사랑에 푹 잠기게 됩니다. 그렇게 되면 우리 존재가 그 안에 있고 거기에서 힘을 공급받습니다. 우리의 영적 생활에 있어 사랑은 최상의 원리입니다. 우리 안에 계신 성령님, 우리 안에 계신 아들께서는 다른 것이 아닌 하나님의 사랑을 우리에게 가져오십니다.

사랑이야말로 우리에게서 흘러나와야 하는 생수의 물줄기 가운데 가장 처음되고 중요한 것입니다. 사랑은 율법의 완성이기도 합니다. "사랑은 아무에게도 악을 행하지 않습니다"(롬 13:10). "사랑은 자신만 생각지 않습니다"(고전 13:5). 주님의 사랑을 경험했기에 "우리도 형제들을 위하여 목숨을 버리는 것이 마땅"함을 알게 됩니다(요일 3:16). 우리 마음은 점점 더 넓어져 갑니다.

우리의 친구뿐만 아니라 원수도, 하나님의 자녀들뿐만 아니라 세상의 자녀들도 이러한 사랑을 알아야 합니다. 구원을 받았든 잃어버린 바 되었든, 이 세상과 세상에 있는 모든 피조물 각각은 하나님의 사랑의 품 안에 둘러싸여 있기 때문입니다.

다른 이들을 위해 자신의 명예와 이익, 그리고 편안함을 희생하는 데에 우리의 행복이 있습니다. 아니, 희생이란 말은 적합하지 않습니다. 그것은 사랑하는 자에게는 축복이기 때문입니다.

우리가 이런 사랑을 할 수 있는 유일한 이유는 아버지께서 성령님과 함께 우리 안에서 능력으로 일하시기 때문이며, 그 아들 예수께서 우리 안에 거하시기 때문입니다. 주님은 십자가에 못 박힌 사랑이십니다. 그분은 우리 마음을 자신으로 직접 채우십니다. 우리는 사랑 안에 뿌리내리고 있습니다. 뿌리가 지닌 속성에 따라 하나님은 그 열매인 사랑을 우리 안에 생산하십니다.

"하나님은 사랑이십니다." 사랑하는 영혼들이여, 이 말씀에 귀를 기울이십시오. 우리가 온전히 사랑할 수 있도록 그분은 모든 것을 공급하십니다. 그리스도께서 우리의 마음을 온전히 소유하시려는 가장 큰 이유가 바로 이것입니다. 아버지께서 우리를 성령님의 권능으로 강하게 하시고 우리가 그리스도의 사랑을 알 수 있도록 기도를 시작하기 바랍니다.

하나님의 충만으로 채워져야 합니다

하나님께서는 우리를 일깨우시기 위해 여러 가지를 허락하십니다. 그리스도 예수 안에서 우리는 하나님으로 충만하신 한 인간을 볼 수 있으며, 고난과 순종을 통해 완전해지고 하나님의 모든 충만함으로 충만케 되신 분을 목격합니다. 그분은 고독하고 가난하게, 평범한 인간의 생애를 사셨습니다. 또한 그분께는 인간적인 필요와 질고들이 있었습니다. 그럼에도 불구하고 주님은 하늘 거주자다운 삶을 이 땅에서 누리셨음을 보아야 합니다. 그분은 언제나 하나님의 뜻과 영광, 그 사랑과 섬김을 보여주셨습니다. 그분에게 하나님은 전부였습니다. 성령의 충만함을 받았을 때 우리는 이것을 경험할 수 있습니다.

하나님께서 세상을 창조하신 목적은 바로 자신을 드러내기 위함이었습니다. 세상 속에 그분의 지혜와 능력과 선하심이 거할 뿐만 아니라 분명히 드러나도록 하셨습니다. 자연은 하나님으로 충만하다고 말할 수 있습니다. 믿음의 눈으로 보면 우리는 만물에서 하나님을 발견할 수 있습니다. 스랍은 노래하고 온 땅은 하나님의 영광으로 가득 차 있습니다. 하나님께서 자신의 형상을 따라 인간을 창조하신 것은 인간 안에 자신을 드러내어 그들로 하여금 자신을 닮은 존재로 살아가게 하기 위함이었습니다. 하나님의 형상을 입은 인간은 자신의 생명 안에 하나님의 영광을 받아들이고 그것을 품어 잘 보이게 해야 합니다. 인간은 하나님의 충만한 것으로 채움을 입도록 되어 있는 존재입니다.

이러한 신성한 목적은 죄로 인해 좌절되었습니다. 인간은 하나님으로 충만해지는 대신, 자신과 세상으로 가득해졌습니다. 우리는 죄에 눈이 멀어 하나님으로 다시 충만해지는 것이 불가능할 정도가 되버렸습니다. 심지어 많은 그리스도인들도 이러한 충만함에 대해 시큰둥한 반응을 보입니다. 하지만 예수님은 우리를 구속하여 이 축복으로 되돌리기 위해 오셨습니다. 하나님은 당신의 영으로 우리 안에서 능력 있게 일하실 준비가 되어 있습니다. 이는 하나님의 아들께서 우리 마음에 거하기를 원하시고 그 목적을 완성하실 것이기 때문에 가능한 일입니다.

예, 그렇습니다. 이것은 오순절의 축복이 의미하는 가장 고상한 목적입니다. 여기에 도달하려면 우리는 전적으로 성령님을 의지해야 합니다. 그분은 우리를 위해 길을 여시고 그 길을 인도하실 것입니다. 우리 안에 예수님의 깊은 겸손함을 허락하사 이 일을 이루실 것입니다.

주님은 항상 이렇게 말씀하셨습니다. "나는 아무것도 스스로 할 수 없노라." "나는 내 뜻을 행하려 하지 않노라." "내가 이르는 말은 나의 말이 아니다." 그분은 이러한 자기 비움과 하나님 의존의 감각을 가진 자들에게, "하나님은 아무 것도 아닌 영혼에게 참으로 전부가 되어주신다"는 확신과 경험을 허락하십니다. 그분은 우리의 믿음을 통해 하나님으로 충만하신 예수님을 계시하십니다. 그분은 우리로 하여금 하나님이 모든 것을 베푸시는 사랑 안에서 뿌리를 내리고 하나님을 전부로 받아들일 수 있도록 도우십니다. 그리하여 우리는 예수님처럼 될 것입니다. 즉 사람은 아무 것도 아니요, 오직 하나님의 영광과 그분의 뜻, 그분의 사랑과 권능이 전부임을 인식하고 실천하며 사셨던 삶을 좇아가게 될 것입니다.

이것은 우리를 향한 하나님의 뜻입니다

성도들이여, 나는 하나님의 사랑을 힘입어 호소합니다. 이것이 우리에게 너무 높거나 적합하지 않은 목표라고 말하지 마십시오. 아닙니다. 사실 이것은 우리를 향한 하나님의 뜻입니다. 그분의 계명과 약속의 말씀과도 같은 그분의 뜻입니다. 그분께서 친히 이 일을 성취하실 것입니다. 바로 오늘, 겸손함과 믿음으로 바울이 전한 이 말씀을 붙드십시오. "하나님의 모든 충만함으로 충만해지십시오." 이 말씀을 목표삼고 좌우명 삼을 때 어떤 일이 일어나는지 눈여겨 보십시오.

이 말씀은 자기 추구의 삶에서 우리를 일으키는 지렛대가 되어줄 것입니다. 우리가 하나님의 사랑 안으로 들어가 그 안에 견고하게 뿌리내릴 수 있도록 격려할 것입니다. 그리하여 우리 마음에 거하시는 그리스도만이 우리가 사랑 안에서 살아갈 수 있도록 지키신다는 확신을 갖게 될 것입니다. 하나님의 모든 충만이 우리 안에서 영적 실재가 됩니다.

이제 무릎을 꿇고 하나님의 부요하신 영광으로 우리를 도와달라고 호소하십시오. "예, 하나님은 당신의 모든 충만함으로 우리를 충만하게 하시기로 작정하셨습니다." 진실한 마음으로 이렇게 말씀드릴 수 있을 때까지 기도하십시오.

우리 앞에 놓인 이 영광스러운 가능성을 염두에 두고 사도가 드린 송영에 함께합시다. "이제 우리 안에서 활동하는 권능에 따라 우리가 구하거나 생각하는 모든 것 이상으로 더욱 넘치도록 능히 행하실 분에게 영광이 그리스도 예수님을 통하여 교회 안에서 모든 시대에 걸쳐 세세 무궁토록 있기를 원하노라"(엡 3:20-21, 흠정역). 하나님 영광의 풍성함이 아닌 다른 것을 구하지 마십시오. 전에 이런 경험이 없다면 바로 오늘 "하나님의 충만으로 가득해지십시오."

하나님께서 아브라함에게 "나는 전능한 하나님이라"고 하신 말씀은 약속을 성취하실 그분의 전능함을 신뢰하라는 초대였습니다. 예수께서 무덤에 묻히셨을 때 하나님은 바로 이 믿음 안에서 전능함을 나타내셔서 그분을 일으키고 영광의 보좌에까지 높이셨습니다. 이제 하나님은 그 충만으로 채워주실 것을 믿는 자들 안에서 그분의 목적을 그 동일한 전능함으로 다 이루기 위해 기다리고 계십니다. 우리의 마음은 이렇게 외치도록 합시다. "우리 가운데서 역사하시는 능력을 따라, 우리가 구하거나 생각하는 것 이상으로 더욱 넘치게 주실 수 있는 분에게, 영광이 영원 무궁 하도록 있기를 빕니다."

10장. 약속을 반드시 이루시는 하나님

"**너희**가 악할지라도 좋은 것을 자식에게 줄 줄 알거든 하물며 **너희** 하늘 아버지께서 구하는 자에게 성령을 주시지 않겠느냐 하시니라"(눅 11:13).

아이로는 자신의 죽어가는 딸을 살려달라고 예수님께 구하러 왔다가, 자기 딸이 이미 죽었다는 사실을 알게 되었습니다. 예수님은 이런 그에게 "두려워하지 말고 믿기만 하라"(눅 8:50)고 말씀하십니다. 어떤 사람이 절대적으로 무력한 때를 만나게 되면 주님은 그에게 오직 당신께만 신뢰를 두도록 부르십니다. 오직 이 한 가지가 그를 도울 수 있습니다. "믿기만 하라."

두려워 말고 믿기만 하십시오

이 말씀은 수없이 많은 하나님의 자녀들에게 힘이 되었습니다. 주변 상황과 사람들만 본다면 희망은 물 건너가고 막막하기 이를 데 없습니다. 하지만 우리에게는 이 말씀이 있습니다. 하나님은 자신의 놀라운 권능으로 이 엄청난 은혜가 우리 안에서 실재가 되게 하십니다. 예수께서 우리에게 전하시는 음성을 듣기 바랍니다. "두려워하지 말고 믿기만 하여라. 하나님께서 너를 위해 이 일을 행하신다."

하나님께서는 이 땅의 아비가 자기 자녀에게 떡을 주려는 것보다 훨씬 더 기꺼운 마음으로, 구하는 자들에게 성령님을 주실 것입니다. 우리는 자기 아이에게 온전한 상속을 주시는 하나님을 굳게 신뢰해야 합니다. 하나님은 영이십니다. 그분은 영원한 사랑으로 우리를 온전히 소유하기 원하시는데, 오직 자신의 영을 우리에게 주시는 방법으로만 이 일을 행하십니다. 그분이 하나님이심이 분명한 것처럼 당신의 자녀인 우리를 성령으로 충만하게 하실 것 역시 확실합니다.

이러한 믿음이 없이는 이 축복을 구하는 우리의 노력은 결코 성공하지 못합니다. 이 믿음은 모든 어려움을 이길 수 있도록 해줍니다. 따라서 우리는 "두려워하지 않고 믿기만" 할 수 있는 것입니다. 예수님의 음성을 들으십시오. "내 말이 네가 믿으면 하나님의 영광을 보리라 하지 아니하였느냐?"

이 축복은 어떻게 옵니까

이 주제와 관련하여 즉시 여러 질문들이 떠오르면서 우리가 이 축복을 받기 전에 이런 의문점들을 해결하고 가야 한다는 생각이 듭니다.

첫째는 이것입니다. "이 축복은 어디에서 옵니까? 내면에서 시작되는 건가요, 아니면 위로부터 와야 하는지요?" 어떤 진지한 그리스도인은 "그것은 내면에서 시작됩니다"라고 얘기할 것입니다. 오순절에 성령님은 이 땅에 내려오셨고 그리스도인 공동체에 들어오셨습니다. 개인적으로는 회심하는 순간 우리 마음에 들어오십니다. 그러므로 우리는 더 이상 그분이 우리 안에 오시도록 기도하지는 않습니다. 우리는 단지 자기에게 이미 있는 것이 무엇인지 인식하고 어떻게 사용하는지 알고 싶을 뿐입니다. 심지어 우리는 성령을 더 구할 필요도 없습니다. 왜냐하면 우리는 이미 그분을 온전한 선물로 모시고 있기 때문입니다. 다만 우리에게는 성령님께서 우리를 더욱 소유하시는 것이 필요합니다. 우리가 그분께 자신을 완전히 넘겨드릴 때 성령님은 우리를 내면에서부터 완전히 채우십니다. 생수의 근원은 이미 거기에 있습니다. 다만 이 샘 근원이 열려 있고 모든 장애물이 제거되어야 비로소 그 안으로부터 물이 흘러나오는 것입니다.

반면에 이렇게 말하는 이들도 있습니다. "아닙니다. 그것은 위로부터 임해야 합니다." 오순절이 이르렀을 때 아버지께서는 성령을 주셨으나 그 성령님은 아버지의 지배를 벗어날 정도로 임하지 않으십니다. 성령의 충만하심은 성부 하나님 안에 여전히 있습니다. 하나님은 자신의 뜻을 벗어나 독립적으로 역사하는 것은 그 무엇도 허락하지 하십니다.

그분은 오직 성령을 통해서만 일하시며, 새롭고 위대한 성령의 권능은 모두 위로부터 임합니다. 오순절이 한참 지난 후에 성령님은 사마리아와 가이사랴에 하늘로부터 임하셨습니다. 그분은 여전히 하늘에 계시면서도, 하나님께 보냄을 받아 자신의 충만을 땅에 부어주기를 기다리신 것입니다.

성도여, 기도하십시오. 이 둘 중에 무엇이 옳은지 이성을 통해 결정하느라 너무 오래 지체하지 마십시오. 하나님은 이 두 가지 방법을 모두 사용하실 것입니다. 그 물결이 임하면 우리를 혼란스럽게 하던 근원들이 깨뜨려질 것이며 하늘의 수문이 활짝 열리게 됩니다. 그 축복은 내면으로부터, 그리고 위로부터 동시에 옵니다. 하나님은 이 두 가지 방법으로 사람을 축복하실 준비가 되어 있습니다. 그분은 우리 안에 이미 들어와 계신 성령님을 알고 그분께 영광을 돌리는 것을 가르쳐주고자 하십니다. 그분은 또한 우리가 완전한 의존의 정신으로 그분을 기다릴 것을 원하십니다.

그러므로 무엇이 맞느냐는 의문에 발목이 잡히지 않도록 경계하십시오. 하나님은 우리의 진심을 아십니다. 그분은 우리에게 무엇이 필요한지 아십니다. 하나님께서 그분의 영으로 우리를 충만하게 하신다는 사실을 믿으십시오. 믿음을 발휘하여 끊임없는 기도와 확신으로 그분을 바라보도록 하십시오. 그분은 그런 우리를 축복하실 것입니다.

다른 질문은 이것입니다. "이 축복은 점진적으로 옵니까 아니면 한 번에 옵니까? 잠잠하고 보이지 않게 성령의 은혜가 커지는 방식으로 나타나는지 아니면 순간적이고 즉시로 그분의 능력이 부어지는 방식인지 궁금합니다." 이에 관하여, 하나님께서는 두 가지 방식을 모두 취하여 성령을 보내셨고 지금도 여전히 그렇게 일하신다고 말하면 충분할 것 같습니다.

하지만 우리의 생명을 성령의 다스림 아래 두려면 단호한 결심이 있어야 하고, 하나님께서 이러한 내려놓음을 받으셨다는 확신이 있어야 합니다. 대부분의 경우 이것은 단번에 이루어집니다. 그렇더라도 이 일은 그 전에 오랜 시간의 간구와 기도가 선행되어야 하며, 그런 후에 우리는 한번의 단호하고 돌이킬 수 없는 행동으로 하나님께 자신을 내어드리고 또한 그러한 내어드림은 하나님의 제단에서 성결케 되고 수납된다는 믿음이 뒤따르게 됩니다.

축복이 큰 능력으로 한 번에 오든지 아니면 점진적으로 조용하게 오든지 관계없이, 우리는 자신을 드리는 일을 계속하면서 하나님께서 당신의 일을 하시도록 그분을 의지해야 합니다.

따라서 이런 의문거리들을 다룰 때에 가장 중요한 고려 사항은 우리가 '오직 믿기만' 하면서 하나님의 신실하심 안에 안식할 수 있는가 입니다. 이 한 가지 원리를 굳게 붙드십시오. "하나님은 우리를 자신의 영으로 채워주신다고 약속하셨습니다." 약속을 성취하시는 일은 하나님의 몫입니다. 약속을 주신 분, 그 약속을 성취하실 분께 감사를 드리십시오. 하나님은 이미 우리에게 맹세하셨습니다. 그분 안에서 그분의 신실하심을 기뻐하십시오. 어떤 의문거리가 있더라도 물러서지 마십시오. 우리의 마음을 하나님이 행하실 일과 그 축복을 반드시 보내주실 분께 고정시키십시오. 그 결과는 확실하고 영광스러울 것입니다.

성령으로 채우실 것을 믿고 간구하십시오

교회 안에 있는 수많은 이들이 지금 그대로의 자기 모습에 만족해버리는 것은 슬픈 일입니다. 그들은 성령님의 권능이 실재로 어떤 것인지 탐구해보려는 욕망이 조금도 없습니다. 지금 당장 교리적으로 문제가 없는 것에 주안점을 두고 설교에 지대한 관심을 쏟으며 봉사와 종교 활동에 충분한 은사가 있다는 것으로 위안을 삼습니다. 교육과 선교사업에 열심을 내면서, 주위에서 일어나는 좋은 일들에 대해 하나님께 감사를 드리는 게 더

낫다고 말합니다. 그런 이들은 차지도 뜨겁지도 않았던 라오디게아 교회를 비판하면서, 자신들은 부자도 아니고 재물도 많지 않으며 오히려 부족한 게 많다고 말합니다.

하지만 그들의 말에는 숨은 뜻이 담겨 있습니다. 그들은 성령으로 충만하라는 주님의 명령을 심각하게 받아들이지 않습니다. 주께서 명하신 바 "생기야 사방에서부터 와서 이 죽음을 당한 자에게 불어서 살아나게 하라"(겔 37:9)고 하신 명령을 잊었습니다. 우리가 이런 얘기를 한다 해도 그들은 별다른 관심을 보이지 않을 것입니다. 우리가 말하는 바를 이해하지 못합니다. 그들은 성령님에 대해 믿기는 하지만, 교회에 필요한 단 한 가지가 오직 성령님으로 더욱 충만해지는 것임을 알지 못합니다.

이러한 필요에 대해 말할 때 거기에 동의는 하지만 아무 도움이 안 되는 사람도 있습니다. 그들은 이 문제를 놓고 가끔 고민도 하고 기도하지만, 이런 노력으로는 아무 유익을 얻지 못합니다. 그들은 어떠한 진보도 보이지 못합니다. 그들은 초대교회 시절을 돌아보면 그때나 지금이나 별로 다르지 않다고 말합니다.

이들은 가나안 땅에 들어갔던 열 명의 정탐꾼들과 같은 부류입니다. 그 땅은 좋은데 이미 그곳을 차지하고 있는 적들은 너무 강합니다. 우리는 그들을 대적하기엔 너무 약합니다. 축복을 얻기 위해 모든 것을 내려놓는 그들의 헌신과 자원함이 부족한 탓에, 그것은 불신의 뿌리가 되고 갈렙처럼 용기를 발휘하지도 못하는 것입니다. 갈렙은 이렇게 외쳤습니다. "올라갑시다. 올라가서 그 땅을 점령합시다. 우리는 반드시 그 땅을 점령할 수 있습니다"(민 13:30, 새번역).

성령으로 충만해지기 원한다면, 이런 저런 이유로 머뭇거려서는 안 됩니다. 전능하신 하나님을 믿고 담대해져야 합니다. "하나님이 하실 수 있을까?"라고 하지 말고 "하나님은 하신다"고 외치십시오. 그리스도를 죽은 자들로부터 일으키신 하나님께서는 당신의 백성들 가운데 능력으로 일하고 계시며 우리의 마음에 권능으로 자신의 신적인 생명을 드러내실 수 있습니다.

아브라함에게 발하셨던 그분의 음성을 우리에게 하시는 말씀으로 들으십시오. "나는 전능한 하나님이라 너는 내 앞에서 행하여 완전하라"(창 17:1). 우리의 마음이 산만해지지 않도록 하고 하나님의 말씀에 집중하십시오. 그 약속을 성취하시는 하나님의 전능하심에 마음을 쏟으십시오.

아버지께 기도하여 성령의 능력으로 우리를 강하게 해달라고 간구하십시오. 우리가 구하거나 생각하는 것 이상으로 더욱 넘치게 주실 수 있는 분을 송축하고 영광을 돌리십시오. 하나님의 전능하심에 대한 믿음으로 우리의 영혼을 가득 채우십시오. 어떠한 어려움에도, 그것이 정말 일어날 것 같지 않아도, 불가능해 보여도 하나님은 우리를 당신의 성령으로 채우신다는 분명한 확신을 가져야 합니다. 오직 믿기만 하십시오.

하나님의 사랑을 신뢰하십시오

누군가가 성령으로 충만하게 되는 이 축복을 얻고자 기도하게 되면, 자신이 그리스도인으로서 어떤 삶을 살았는지에 관한 생각들이 불쑥 끼어듭니다. 신적인 은혜로 자기 마음에 이루신 모든 역사와 함께 성령께서 이를 위해 끊임없이 애쓰신 흔적들을 생각하게 됩니다. 또한 그는 자신의 노력과 기도, 온전한 순종을 위한 과거의 시도들, 그리고 믿음을 어떻게 사용했는지를 떠올립니다. 그리고 나서 현재 자신의 모습을 보는 것입니다. 자신의 불성실함과 죄, 무기력함을 보면서 의기소침해집니다. 몇 년이 지났는데도 나아진 게 없는 자신의 모습을 봅니다. 과거를 돌이켜 보면 그저 실패하고 불충했던 모습만이 드러납니다.

그의 처음 시절의 기도와 믿음이 별 소용이 없었다면 이제 와서 모든 것이 갑작스럽게 바뀔 것이라고 어떻게 희망할 수 있단 말입니까? 그분은 성령 충만한 인간의 삶에 자신을 나타내신다고 하는데, 그는 이제 겨우 그 사실을 알았고 그렇게 살려고 시작했을 뿐입니다. 그는 자신이 성령 충만한 모습으로 살아갈 수 있으리라고 감히 상상하지 못합니다. 그런 일에 자신은 적합하지 않고 그렇게 시도할 용기가 없다고 느끼기 때문입니다.

이런 생각들로 괴로워하고 있다면, 성도여, 오직 하나의 조언만을 따라야 합니다. "단지 믿기만 하십시오." 자식에게 떡을 주려는 이 땅의 아비보다 더욱 기꺼이 성령을 주기 원하시는 아버지의 품에 와락 안기십시오. 오직 믿기만 하고 하나님의 사랑에 매달리십시오. 우리가 아무리 몸부림쳐서 자신을 드리고 순종하는 삶을 살았다고 해도, 또한 우리가 온전한 믿음의 삶을 살았다고 해도, 그런 행위가 하나님으로 하여금 우리를 더욱 축복하고 싶은 마음이 들게 하지는 않습니다. 전혀 그렇지 않습니다.

하나님은 단지 우리를 축복하기를 간절히 원하시고 그분 스스로가 우리 안에서 모든 일을 행하기 원하십니다. 하나님은 아버지처럼 우리를 사랑하시며, 그분의 자녀로서 건강하고 행복하게 살기 위해 우리에게 필요한 것은 단 한 가지 오직 성령으로 충만해지는 것뿐임을 알고 계십니다. 예수님은 이러한 사랑을 온전히 누릴 수 있도록 그분의 보혈로 길을 열어놓으셨습니다.

이 사랑 안에 들어와 거하십시오. 태양빛이 우리를 감싸고 몸에 활력을 불어넣듯 그 사랑이 우리를 둘러싸며 환히 비추고 있음을 믿음으로 받아들이십시오. 이 사랑을 전적으로 신뢰하십시오. 이 사랑이 보여주는 의도를 신뢰하라는 것이 아니라, 이 사랑이 품고 있는 말할 수 없는 갈망, 곧 우리를 가득 채우기 원하는 그 간절한 소망을 신뢰하라는 말입니다. 하늘 아버지께서는 우리가 그분의 영으로 충만해지기를 기다리십니다. 그리고 그분이 우리를 위해 직접 그 일을 행하실 것입니다.

하나님이 직접 이루십니다

그렇다면 그분은 우리에게서 무엇을 바라실까요? 단지 이것입니다. 우리가 전적으로 무가치하고 아무 것도 없으며 무능력하다는 인식 아래서 우리 자신을 그분께 내어드리고 그분이 우리 안에서 그 일을 하시도록 두는 것입니다. 여기에 필요한 모든 예비적인 일들을 감당하기 위해 하나님은 당신의 영으로 우리를 도우십니다. 주님은 우리의 속사람을 조용하고 은밀하게 능력으로 강하게 하실 것이며, 이 보물을 받기 위해 버려야 하는 모든 것을 포기하도록 도우실 것입니다. 그분은 우리가 말씀 안에서 안식하며 그분을 기다릴 수 있도록 우리 믿음 안에서 일하십니다. 그분은 장래에 일어날 모든 일을 책임지십니다. 그분은 우리가 이 축복을 충만히 누릴 수 있도록 필요한 모든 것을 공급하실 것입니다.

우리는 하나님의 성령으로 충만해지면 어떻게 될 것인지에 대한 생각은 해보았으나, 정작 그렇게는 살아볼 기회조차 없었을지도 모릅니다. 혹은 아예 그런 것에 대한 생각을 해본 적이 없는 탓에, 잘 알지도 못하는 어떤 삶을 산다는 것이 두려울 수도 있습니다. 그리스도인이여, 그와 같은 생각일랑은 버리십시오. 일단 우리 안에 들어오신 성령님은 그런 삶이 무엇인지 몸소 가르치실 것이며 우리 안에서 그 일을 이루실 것입니다. 하나님께서는 우리가 성령으로 충만해지도록 책임을 지고 일하실 것이며, 그 성령은 우리가 간직하고 지켜가야 할 보물이 아니라 우리를 지키고 이끌어갈 능력이 됩니다. 그러므로 오직 믿기만 하십시오. 아버지의 사랑을 전적으로 의지하십시오.

주 예수님은 성령의 축복과 능력에 대해 약속하실 때마다 항상 하나님 아버지에게 초점을 맞추었습니다. 그분은 "아버지께서 약속하신 것"(눅 24:49)이라고 말씀하셨습니다. 그분은 또한 우리가 하나님의 미쁘심을 바라보도록 하셨습니다. "또 약속하신 이는 미쁘시니"(히 10:23). 하나님의 능력에 대해서도 그렇습니다. 높은 곳에서 내려오는 능력인 성령님도 하나님 그분으로부터 오셨습니다(행 1:8). 그분은 우리가 하나님의 사랑에 주목하도록 하셨습니다. 하나님께서 이러한 선물을 주시는 것은 아버지가 자녀에게 선물을 주시는 것과 같습니다.

우리는 오직 이 축복만을 생각하고 전적으로 갈망하며 하나님께로 나아갑시다. 거기에는 오직 그분만이 하셔야 하고 그분만이 주시며 그분만이 홀로 이루시는 사역이 있습니다. 잠잠한 가운데 우리의 마음을 하나님께만 두도록 합시다. 그분을 즐거운 마음으로 신뢰합시다. 그분은 우리의 기도와 생각보다 더욱 넘치도록 일하십니다.

그분에게는 사랑이 있기에 우리에게 충만한 축복을 기꺼이 허락하십니다. 하나님은 우리가 성령의 충만함을 얻도록 하실 것입니다. 겸손히 이렇게 말하십시오. "주님의 종을 보십시오. 주님의 눈앞에 선한 것을 행하소서. 주님의 말씀에 따라 그것이 내게 이루어지게 하소서." 신실하신 하나님께서 우리를 부르셨으므로 또한 그 일을 이루실 것입니다.

11장. 축복을 얻는 확실한 길

"내가 너희에게 맑은 물을 뿌려서 너희를 정결하게 하며, 너희의 온갖 더러움과 너희가 우상들을 섬긴 모든 더러움을 깨끗하게 씻어 주며, 너희에게 새로운 마음을 주고 너희 속에 새로운 영을 넣어 주며, 너희 몸에서 돌같이 굳은 마음을 없애고 살갗처럼 부드러운 마음을 주며, 너희 속에 내 영을 두어, 너희가 나의 모든 율례대로 행동하게 하겠다. 그러면 너희가 내 모든 규례를 지키고 실천할 것이다"(겔 36:25-27, 새번역).

오순절의 충만한 축복은 하나님의 모든 자녀들을 위한 것입니다. "하나님의 영으로 인도함을 받는 사람은, 누구나 다 하나님의 자녀입니다"(롬 8:14, 새번역). 하나님은 자기 자녀들에게 돌아가야 할 축복을 절반만 주시는 경우가 없습니다. 모든 자녀에게 그분은 이렇게 말하십니다. "얘야, 너는 늘 나와 함께 있으니 내가 가진 모든 것은 다 네 것이다."(눅 15:31, 새번역). 그리스도께서는 나뉘지 않으십니다. 그분을 받아들인 자들은 그분의 모든 충만함을 받습니다. 하나님께서는 모든 그리스도인들을 실제로 성령으로 충만해지도록 부르셨습니다. 이것은 그분이 정하신 일입니다.

앞장에서 나는 이 진리를 어느 정도 알고 있고 또한 찾고 있는 이들을 염두에 두고 글을 썼습니다. 그들은 회심한 뒤에 더욱 완전히 죄와 단절하고서 자신을 하나님께 전적으로 내어드리도록 배워왔습니다. 이 책을 읽는 이들 중에는 오순절의 충만한 축복에 관해 거의 들어보지 못했다가 이제는 그것을 소유하고픈 열망을 품은 그리스도인들이 있을 줄 압니다. 하지만 그들은 이러한 열망을 성취하기 위해 어디서부터 시작해야 하며 무엇을 해야 하는지 잘 이해하지 못하며, 오히려 자기로부터 시작하려 합니다. 그들은 자신의 삶이 죄로 가득하다는 점을 기꺼이 인정할 준비가 되어 있으며 성령의 충만함을 얻으려면 그 전에 자신이 오랫동안 간절히 노력해야 한다고 느낍니다.

나는 그런 이들에게 새로운 용기를 주기 원하며 그들에게 하나님께로 시선을 돌릴 것을 요청합니다. 주님은 이렇게 말씀하셨습니다. "때가 되면 나 여호와가 속히 이루리라"(사 60:22). 나는 하나님께서 직접 축복하시는 자리로 그들을 데려가고 싶습니다. 또한 이 축복을 받으려면 어떤 태도를 취해야 하는지 그분의 말씀을 가지고 설명하고자 합니다.

죄를 버리십시오

에스겔이 전한 메시지에서 하나님은 약속하셨습니다. "내가 … 너희를 정결하게 할 것이며"(겔 36:25). "내 영으로 너희를 가득 채워 놓아"(36:26, 현대어성경). 귀한 것을 담는 그릇은 먼저 깨끗해야 합니다. 따라서 주님께서 우리에게 새롭고 충만한 축복을 주시려면, 새롭고 깨끗케 하는 작업이 반드시 선행되어야 합니다.

우리는 회심할 때 우리 죄를 고백하고 버렸습니다. 회심한 후에도 죄를 이기려고 진력했으나, 그 노력은 번번히 실패했습니다. 주님이 바라시는 정결함과 거룩함에 대해 무지했기 때문입니다.

이러한 새로운 정결함은 죄에 대한 새로운 고백과 발견으로부터 옵니다. 오래된 누룩을 찾지 않고서는 그것을 없애지 못합니다. 그리스도인인 우리의 삶이 죄로 가득하다는 점을 충분히 알고 있다는 식으로 쉽게 말하지 마십시오. 자리에 앉아, 분명한 목적을 가지고서 그리스도인으로서 우리가 어떻게 살아왔는지를 조용히 묵상해보십시오. 그 삶 속에는 얼마나 많은 교만과 자기 추구, 세속적인 마음, 자기 의지, 부정함이 있었던가요? 그런 마음 상태로 성령의 충만함을 받을 수 있겠습니까? 그것은 불가능한 일입니다.

우리의 가정생활은 또 어떻습니까? 조급한 성격, 자기 염려, 쓴뿌리, 거칠고 무례한 말들은 우리가 정결함과는 거리가 먼 사람이라는 것을 증거하지 않습니까?

지금 교회에서 우리의 모습도 돌아보시기 바랍니다. 진정한 영의 겸손함이 없이 그저 지성적이고 형식적이며 사람을 기쁘게 하는 식의 신앙생활이 많지는 않습니까? 살아계신 하나님을 향한 진정한 갈망, 예수님을 향한 진정한 사랑, 말씀에 자신을 진심으로 복종시키는 일들은 영과 진리 안에서 드리는 예배의 참된 특성인데도 이런 것들은 찾아보기 어렵습니다.

자신이 평소에 어떻게 살아가고 있는지를 보십시오. 주위에 있는 이들이 우리를 세속적인 마음에서 자유롭고 고결한 영혼으로 바라보며, 진정 하나님께 정결함을 입은 사람이라고 증언할 수 있는지요? 하나님께서 우리에게 무엇을 기대하시는지, 또한 우리 안에 무엇을 허락하셨는지 잘 생각해보고 이 모든 것을 묵상해보십시오. 하나님께서 온전한 축복을 부어주시기 전에 죄 많고 무력한 우리 영혼은 다시금 정결케 되어야 합니다.

우리 힘으로는 할 수 없습니다

이러한 깨달음이 있고 나서, 실제적으로 죄를 버리고 부정한 것들을 던져버리는 일이 뒤따라야 합니다. 이것은 우리가 꼭 해야 할 일입니다. 특히나 우리 스스로를 가장 힘들게 하는 죄들을 가지고 나와야 합니다. 하나님 앞에서 그것들을 내려놓고 솔직히 고백함으로 끊어버려야 합니다.

우리 삶이 죄와 수치로 얼마나 가득한지 확실히 자각하십시오. 그저 자신이 연약하기 때문에 그렇다거나 이 시대 대다수의 그리스도인들이 수준 높은 삶을 살지 못한다는 것으로 위안을 삼아서는 안 됩니다. 삶의 완전한 변화를 체험하고 싶다면 반드시 진지한 결단이 필요합니다. 우리에게 붙어 있는 죄들을 던져 버리고 없애버리십시오.

어쩌면 그런 죄들을 어떻게 처리해야 하는지, 어떻게 버릴 수 있는지 모르겠다고 대답할지 모르겠습니다. 분명히 말씀드리지만 우리는 이 일을 할 수 있습니다. 우리는 이 죄들을 하나님께 올려드릴 수 있습니다. 만일 내 집에서 치워버리고 싶은 것들이 있는데 혼자서는 감당하지 못한다면 그 일을 대신 할 수 있는 사람을 부릅니다. 나는 그에게 이 일들을 맡기고 "여기 있어요. 이것 좀 치워주세요"라고 말합니다. 그러면 그 사람은 이 일을 합니다. 그러면 나는 이것들을 깨끗이 치웠다고 말할 겁니다.

이런 식으로 우리도 혼자서는 어찌할 수 없다고 느끼는 죄들을 하나님께 넘겨드릴 수 있습니다. 주님이 원하시는 대로 그것들을 다루시도록 그분께 맡기는 것입니다. 그러면 그분은 약속대로 행하실 것입니다. "너희 모든 더러운 것에서… 너희를 정결하게 할 것이[다]."

우리는 우리와 주님 사이의 관계를 분명히 이해해야 합니다.

우리 편에서 필수적인 일은 자신의 죄를 고백하고 그것에 영원한 작별을 고하는 것입니다. 그리고 하나님께서 우리의 마음과 삶을 사로잡아 우리에게 완전한 승리를 주셨음을 확신케 하실 때까지 우리는 그분을 기다려야 합니다.

믿음으로 그리스도를 경험하십시오

우리가 회심할 때 알고 있는 죄에 대한 지식이 피상적이라면 예수님 안에 있는 믿음도 그러합니다. 죄에 대한 통찰이 없이는 우리의 믿음이나 예수를 받아들이는 것이 더 깊어질 수도, 거기서 더 나아갈 수도 없습니다. 회심한 후로 자신 안에 있는 내적이고 철옹성 같은 죄의 권세를 알게 되었다면, 하나님께서는 우리가 전에는 결코 경험하지 못한, 내적이며 막강한 주 예수님의 권세를 우리 마음에 주셨음을 발견하게 될 것입니다.

만일 죄로부터 완전히 해방되어 하나님께 순복하는 삶을 살아가기를 진심으로 바란다면 하나님께서는 주 예수님을 우리에게 완전한 구원자로 계시하실 것입니다. 비록 악에 기우는 경향성이 있는 육체는 우리 안에 늘 거하지만, 주 예수님께서도 우리 마음 가운데 거주하시므로 육체의 권세는 그분께 복종하게 됩니다. 그리하여 우리는 더 이상 육체의 뜻을 따라 행하지 않을 것입니다.

예수 그리스도를 통해 하나님은 우리를 모든 불의에서 정결하게 하시므로 우리는 날마다 순결한 마음으로 하나님과 동행하게 됩니다. 우리에게 정말 필요한 것은 이러한 변화를 우리 안에 일으키실 준비가 되어 있는 그분을 찾는 것입니다. 바로 지금 이 자리에서 우리는 그분을 믿음으로 받아들일 수 있습니다.

예수 그리스도는 성령님을 통해 이런 것들을 우리 안에서 이루고자 간절히 바라십니다. 그분은 단지 죄로 인한 죄책과 그 처벌의 문제만을 다루는 것이 아니라 죄 자체를 없애고자 하십니다. 그분은 율법의 권능과 지배권 및 우리에 대한 저주의 문제를 해결하셨을 뿐만 아니라, 죄의 권능과 그 지배권을 완전히 깨뜨리고 없애셨습니다. 그분은 우리를 죄의 권세 아래에서 완전하게 구출하여 새롭게 태어난 영혼으로 삼으셨습니다. 하늘의 권세를 입고 모든 곳에 두루 임하시는 그분은 이렇게 하여 우리 안에 구원의 역사를 이루십니다.

이 능력으로 그분은 우리 안에 사시고, 우리 안에서 그분의 일을 이루십니다. 내주하시는 그리스도는 우리 안에서 그분의 구속을 유지하고 밝히 드러내십니다. 우리가 고백한 죄들, 교만과 사랑없음, 세속성, 부정함과 같은 죄들은 그분이 능력으로 우리 마음에서 지워버리실 것입니다.

비록 육체는 우리를 유혹하지만 우리는 그분 안에 거하고 하나님의 뜻에 순종하는 것을 마음으로 선택하고 기뻐해야 합니다. 예, 그렇습니다. 우리를 사랑하시는 그분을 힘입어 우리는 넉넉히 이기고도 남습니다(롬 8:37절을 보십시오). 내주하시는 그리스도 그분께서 우리 안의 죄들을 이기실 것입니다.

그러면 우리가 준비해야 하는 것은 무엇입니까? 예수께서 이 일을 이루어 가신다는 사실을 참으로 보았다면, 그분 앞에서 마음의 문을 열어 그분을 주님이요 왕으로 모셔들이는 것입니다. 예, 그렇습니다. 이 일은 순식간에 일어날 수도 있습니다. 20년 동안 굳게 닫혀 있던 집이라 할지라도 그 문과 창들을 열어놓기만 하면 빛은 한 순간에 스며듭니다. 이와 마찬가지로, 예수님께서 그 죄들을 다루시고 승리하신다는 것을 몰랐기 때문에 어두움과 무기력으로 20년 동안 마음을 닫고 허송세월했다 할지라도, 우리는 순식간에 완전히 다른 경험을 하게 될 수 있습니다.

자신의 죄악된 상태를 인정하고 하나님께 자신을 넘겨드리며 주께서 이 일들을 하실 것을 신뢰하면, 예수님께서 우리 안에 있는 모든 것을 취해 당신 수중에 두셨음을 굳게 믿을 수 있게 될 것입니다. 이것은 우리가 견고하게 붙잡아야 할 믿음의 행동입니다. 문과 창들을 활짝 열어 제쳐 빛이 밀려들면서 어둠을 몰아내면 우리는 집 안에 얼마나 많은 먼지와 불순물들이 있었는지 즉시 알게 됩니다. 그 빛은 우리로 하여금 이런 것들을 버릴 수 있도록 비추는 것입니다.

우리가 주님을 마음에 받아들였을 때 아직 모든 것이 완벽하지는 않습니다. 찬란한 빛과 즐거움이 아직 보이지 않고 그것을 충분히 경험하지 못한 상태입니다. 하지만 우리 영혼은 신실하신 분께서 당신의 말씀을 지키시고 확실히 당신의 일을 행하실 것을 믿음으로 알고 있습니다. 그때까지 찾아왔고 분투해왔던 그 믿음으로 이제 주님과 그분의 말씀 안에서 안식할 수 있게 된 것입니다.

믿음으로 시작된 일은 오직 믿음으로만 계속 진행됩니다. 그래서 우리는 이렇게 말해야 합니다. "나는 예수님 안에 거하고 있습니다. 그분이 내 안에 거주하시고 자신을 나에게 나타내신다는 것을 알고 있습니다." 예수께서 나병 환자를 말씀으로 정결하게 하신 것처럼 그분은 당신의 말씀으로 우리를 정결하게 하십니다. 믿음 안에서 이 사실을 확고히 붙들고 있는 사람은 그 증거를 곧 보게 될 것입니다.

영혼을 준비하십시오

주님이 주신 첫 번째 약속은 "내가 너희를 정결하게 하겠다"는 것입니다. 그리고 두 번째로 "내 영을 너희 안에 두겠다"고 약속하셨습니다. 먼저 우리 안에 특별하고 완벽한 정결함이 있지 않으면, 성령께서 권능으로 오셔서 마음을 가득 채우고 계속 거하는 일은 불가능합니다.

성령과 죄는 끝까지 서로 싸웁니다. 교회 안에서 성령의 일하심이 그토록 미약한 까닭은 바로 죄 때문입니다. 사람들은 이에 대해 너무나 모르고 있고 두려워하며 심지어 거부하기까지 합니다. 정결케 하시는 그리스도의 능력을 믿지 않기 때문에 그분은 성령으로 세례를 주시는 일을 하시지 못하는 것입니다.

성령님은 그리스도로부터 오시고 또한 그리스도께로 다시 돌아가십니다. 우리는 그리스도가 우리 마음 가운데 들어와 다스리시며 충만한 축복을 주시도록 해야 합니다.

성도들이여, 내가 앞에서 제시한 것을 이미 실천했고 우리를 정결케 하시는 예수님을 주님으로 믿었다면 하나님께서 약속의 말씀을 분명히 이루실 것임을 확신하십시오. "내가 너희를 정결하게 하고 내 영을 너희 안에 넣어주겠다." 우리를 정결하게 하시는 예수님께 꽉 붙어있으십시오. 우리 안에서 그분이 전부가 되도록 하십시오. 하나님은 우리가 성령으로 충만하도록 돌보실 것입니다.

우리가 순종한 뒤에 그 즉시 마음으로 성령 충만을 느낄 수 없다 해도 놀라지 마십시오. 그리스도께 정결함을 입은 순전한 그릇으로 성령의 충만을 받도록 하나님께 자신을 드렸다면 하나님께서는 우리의 고백을 받아주시고 이렇게 말씀하실 것입니다. "성령을 받으라"(요 20:22). 그분은 전보다 더욱 영광스럽게 그것을 우리에게 나타내실 것입니다.

성령님이 오신 목적을 기억하십시오. 하나님은 그분의 영을 우리 안에 두고, 그분의 율례를 행하게 하고 그분의 규례를 지켜 행하게 하십니다. 단순하고 온전하게 하나님의 뜻을 행하고 그분이 명하신 일을 이 땅에서 수행하려면 우리는 반드시 성령의 충만을 구해야 하고 직접 받아야 합니다. 예, 그렇습니다. 그러면 우리는 주 예수님처럼 살아갈 수 있고 그분과 함께 "보시옵소서 … [내가] 하나님의 뜻을 행하러 왔나이다"(히 10:7)라고 말할 수 있게 될 것입니다.

우리가 이런 삶을 소중히 여긴다면 성령으로 충만할 것을 기대해도 좋습니다. 용기를 내어 그분의 율례를 행하고 그분의 규례를 지켜 행할 수 있도록 우리 자신을 드리십시오. 살아계신 하나님께서 우리 안에서 일하실 것입니다. 비록 성령님이 우리 안에서 어떻게 일하시는지 알지 못할지라도 그분은 우리가 충만한 복을 경험하도록 도우십니다.

오랫동안 성령 충만을 갈구했으나 아직까지 찾지 못한 분이 있습니까? 이제 우리는 성령 충만함을 얻는 확실한 방법을 알았습니다. 그리스도인이면서도 자신이 여전히 죄 가운데 있음을 인정하십시오. 그리고 하나님께 그 죄를 내어드림으로 단번에 그리고 영원히 죄로부터 떠나십시오. 주 예수님께서 우리 마음을 죄로부터 깨끗케 하실 수 있으며 또한 그렇게 하실 준비가 되어 있음을 인정하십시오. 주님은 우리의 죄 속으로 들어와 그것들을 정복하시며, 우리를 자유케 하실 것입니다.

지금 즉시, 그리고 영원토록 그분을 나의 주님으로 받아들이십시오. 그분이 친히 이 일을 행하실 것을 확신하십시오. 그분으로 하여금 이 일을 시작하시게 하고, 우리 안에서 지금 그렇게 행하시도록 넘겨드리십시오.

12장. 비밀을 여는 열쇠

"모든 것이 그분께 복종하게 될 때에는 아들도 모든 것을 자기 아래 두시는 분께 친히 복종하시리니 이것은 하나님께서 모든 것 안에서 모든 것이 되려 하심이라"(흠정역).
"만물을 그에게 복종하게 하실 때에는 아들 자신도 그 때에 만물을 자기에게 복종하게 하신 이에게 복종하게 되리니 이는 하나님이 만유(all)의 주로서 만유 안에 계시려 하심이라"(고전 15:28).

'전적 헌신'에 대해 언급할 때면 종종 이런 질문을 받습니다. 일반적인 성화의 교리와, 근래에 교회의 관심사로 떠오른 은혜의 사역에 관한 설교 사이에 차이점이 무엇이냐는 겁니다. 이에 대해 나는 "두 가지 사이의 차이는 '모든 것'(all, 만유)이라는 작은 단어에 담겨 있다"고 말할 수 있습니다. 이 단어가 비밀의 열쇠입니다. 거룩의 필요성을 역설하는 보통의 방법들은 지금까지 아무 문제가 없었습니다만, 이 '모든 것'이라는 단어에 대해서는 충분히 강조를 하지 못했습니다.

사람들은 왜 성령의 충만함을 더욱 폭넓게 누리지 못할까요? 이 짧은 단어 '모든 것'이 그 이유를 설명합니다. 우리가 하나님과 죄, 그리스도, 자기 포기, 성령님, 그리고 믿음에 있어 많은 것을 안다고 했지만 정작 '모든 것'을 알지는 못했습니다. 그렇기에 우리는 하나님께서 주시고자 하는 모든 것을 다 누릴 수 없습니다.

이러한 관점에서, 오순절의 충만한 축복에 대해 생각해 봅시다. 겸손한 마음으로 하나님을 바라면서, 하나님께서, 성령님으로 말미암아, 우리가 악이 어디에 있는지 느끼고 무엇이 그 죄를 제거할 수 있는지 알게 하시도록 말입니다. 그러면 우리는 모든 것을 받기 위해 우리의 모든 것을 포기할 준비가 될 겁니다.

모든 것 되시는 하나님

해답은 하나님께서 모든 것 되신다는 데 있습니다. 바로 그분의 존재와 그분의 속성 말입니다. 그분으로부터, 그분을 통해, 또한 그분께 모든 것이 있습니다. 하나님이신 그분은 모든 것의 생명이십니다. 존재하는 모든 것은 하나님의 선하심과 지혜 그리고 권능이 직접적이고 지속적으로 작용하고 있음을 잘 보여줍니다.

죄란 다른 것이 아니라, 하나님이 전부가 되시도록 모시지 않고 자신이 뭔가가 되려고 결심하는 것입니다. 하나님께서 우리의 마음과 생명에서 다시 모든 것이 되는 것 외에는 예수님의 구속에 다른 목적이 없습니다. 끝에 가서는 아들 자신도 모든 것을 자기에게 복종하게 하신 아버지께 복종할 것입니다. 이는 하나님께서 모든 것 안에서 모든 것이 되시도록 하기 위함입니다. 이러한 상태를 견고하게 하시려고 주님은 우리를 구속하셨습니다. 그리스도께서 직접 그분의 인생을 통하여, 자신은 아무 것도 아닌 것이 되고 하나님은 모든 것이 되는 것이 어떤 의미인지를 보이셨습니다. 그분이 이 땅에서 사셨듯이 지금은 당신의 백성들 마음에 여전히 살아 계십니다. 하나님은 모든 것이 되신다는 진리를 받아들인 정도에 따라 이 충만한 축복은 우리의 삶 속으로 파고들 수 있는 것입니다.

우리는 반드시 "하나님이 모든 것이 되시도록" 해야 합니다. 그분은 자신의 뜻과 영광, 그리고 권능으로 우리를 위해 모든 것이 되십니다. 우리 역시 하나님의 뜻과 영광 그리고 그분의 권세를 드러내는 일이 아니라면 시간을 함부로 사용하지 말아야 하고, 경솔한 말을 삼가야 하며, 마음이 쉽게 끌리거나 육체의 필요를 함부로 채우는 일을 그쳐야 합니다. 이 사실을 분별하고 여기에 동의한 사람만이 성령의 충만함이 무엇이며 그렇게 되려면 우리가 모든 것을 버려야 하는 이유가 무엇인지를 제대로 이해할 수 있습니다. 하나님은 그저 우리에게 어떤 의미 있는 존재가 되시거나 상당한 영향을 끼치는 것으로 만족하지 않으십니다. 그분은 문자 그대로 우리의 모든 것이 되셔야만 합니다.

모든 죄

그러면 죄란 무엇입니까? 우리가 하나님에게서 분리되었거나 우리 안에 그분이 계시지 않은 것입니다. 사람이 자신의 뜻과 명예, 또는 스스로의 권세를 의지하는 곳에서는 하나님의 뜻과 영광 그리고 그분의 일하심이 나타나지 않습니다. 그런 때에는 분명 죄가 활동하고 있는 것입니다. 죄는 사망이요 불행인데, 이는 하나님으로부터 빠져나와 피조물을 향하게 하기 때문입니다.

죄는 사람 안에서 다른 선한 것들과 함께 존재하는 법이 없습니다. 하나님이 구속함을 입은 자들의 모든 것이 되시듯이, 죄도 타락한 인간 안에서 그들의 모든 것이 됩니다. 그리하여 이제는 그의 전 존재를 지배하고 그 안에 스며듭니다. 마치 하나님이 그렇게 하시는 것과 흡사합니다. 타락한 인간의 성품은 모든 부분에서 다 부패했습니다. 그럴 때 사람은 여전히 하나님을 힘입어 자신의 존재를 이어가지만 모든 것은 죄 안에 있고 죄의 영향을 받게 되는 것입니다.

갓 회심한 상태라 할지라도 우리는 이 끔찍한 죄에 대해 어느 정도 압니다. 하지만 이것은 완전치가 않습니다. 그리스도인으로서 자신이 영적으로 진보하여 성령으로 충만해지는 것이 꼭 필요함을 확신하게 되었다면, 죄가 자신 안에서 모든 것을 지배하고 있다는 사실에 실제로 눈이 열려야 합니다.

그 안에 있는 모든 것이 죄로 얼룩져 있으므로 하나님께서 그 전능하심으로 성령님에 의해 모든 것을 갱신하셔야 합니다. 가장 고상한 차원에 있어 인간은 선을 행하는 데에 전적으로 무력할 따름입니다. 어느 때든지 성령께서 그 안에 실제적으로 일하시는 이상으로 그는 선을 행할 수 없습니다. 그는 자기 주위에 있는 세상이 분명하고 뚜렷한 것처럼, 죄의 실상을 보는 법을 배웁니다. 그 모든 것은 희생당해 죽음에 넘겨져야 합니다.

모든 것 되시는 하나님은 반드시 모든 죄를 몰아내십니다. 하나님은 우리 안에서 온전하고 생생하게 사시며 죄가 불법적으로 빼앗은 것들을 다시 회복시키십니다. 이러한 변화를 갈망하는 사람이라면 성령 충만함에 대해 올바로 이해하고 그것을 간절히 구하게 됩니다. 그리고 그는 믿은 대로 확실히 받습니다.

모든 것 되시는 그리스도

아들은 아버지를 계시하시는 분입니다. 하나님은 자신의 모든 것을 아들 안에서 우리에게 보이시고 우리가 그곳에 다가갈 수 있게 하십니다. 이런 까닭에 모든 것 되시는 그리스도는 모든 것 되시는 하나님과 같이 없어서는 안 되고 무한하십니다. 그리스도는 죄의 모든 것을 해체하시고 사람이 잃어버렸던 하나님의 모든 것을 다시 찾아 회복하시기 위해 이 땅에 임하신 하나님이십니다. 이를 위해 우리는 모든 것 되시는 그리스도를 철저히 알아야 합니다.

모든 것 되시는 그리스도를 모신 제자들은 구속과 죄 용서에 관한 한 그분만이 모든 것을 행하신다는 확신이 있습니다. 이것은 참으로 그분의 구속 사역의 영광스러운 시작이지만, 겨우 시작에 불과할 뿐입니다. 하나님께서는 그분 안에서 우리에게 필요한 모든 것 즉 생명과 은혜를 주셨습니다. 그리스도께서는 우리의 생명과 능력이 되고 우리 마음에 거하기 원하십니다. 그리하여 우리 마음이 살아 있고 하나님 앞에 나아가기 합당한 것이 되도록 하십니다. 모든 것 되시는 그리스도를 알고 또한 그분이 어떻게 우리 안에서 모든 것이 되실 준비가 되었는지 이해하는 것은 참된 성화의 비밀입니다. 이러한 원리 안에서 하나님의 뜻을 올바로 분별하고 자신을 이러한 경영하심에 내맡긴 사람은 오순절의 충만한 축복으로 가는 통로를 발견한 사람입니다.

모든 것 되시는 그리스도. 이 진리를 겸손하게 그리고 즐거움과 감사함으로 인정하십시오. 모든 것이 하나님에 의해 그분 안에 주어졌음을 고백하십시오. 그리스도가 모든 것 되신다는 사실 그리고 그분이 우리 안에서 모든 것을 행하실 것이라는 약속을 굳게 잡으십시오. 이것이 과연 그렇게 될 것임을 마음으로부터 동의하십시오. 모든 것을 그분 발 앞에 내려놓고 그분께 드림으로 과연 그것이 진리임을 확신하십시오. 그리스도가 모든 것 되시면 그분이 우리 안에서 모든 것을 행하신다는 사실은 결코 둘로 쪼개질 수 없는 진리입니다. 그분의 다스림과 영향을 받지 않는 영역이 조금도 없어야 합니다. 우리에게 이러한 변화는 결코 불가능하지 않습니다. 그분이 모든 것이 되도록 하십시오. 그분께 모든 것을 드리십시오. 그렇게 할 때 주님은 놀라운 능력으로 모든 것 안에 자신을 채우실 것입니다.

모든 내려놓음

주님은 이 땅에 계실 때 모든 것을 버리고 포기하셔야 했습니다. 이러한 요구사항은 우리에게도 유효합니다. 성도의 삶에 있어 핵심 장애물은 그분께 모든 것을 드리지 않으면 안 된다는 사실을 깊이 생각해본 적이 없다는 데 있습니다. 이는 사람들이 그리스도께서 모든 것 되신다는 사실을 믿지 않기 때문입니다.

우리가 모든 것을 그분께 드려야 하는 이유는 모든 것이 죄 아래 있기 때문입니다. 주님은 그분께 드려지지 않은 것들에 대해서는 깨끗하게 하거나 지키실 수 없습니다. 그분은 자신에게 넘겨진 것을 완전히 소유하시고 채우십니다. 오직 그분만이 '하나님의 모든 것'을 우리 안에 합당하게 가져오십니다. 어떤 것이 유용하고 적법하며 그 자체로는 순전한 것일지라도, 그것을 애지중지 하면서 자신의 즐거움만을 위한다면 우리 이기심의 얼룩에 쉽게 더러워지고 맙니다. 우리는 그리스도의 수중에, 또한 그분의 권세에 이를 넘겨드려야 합니다. 오직 이렇게 해서만 모든 것이 거룩해집니다.

그리스도인들의 모든 기도와 말씀 경청이 별다른 열매를 맺지 못하는 이유는 바로 '모든 내려놓음'에 대해 무지하기 때문입니다. 우리가 진실로 성령의 충만함을 얻고자 하나님께 돌이켜 그 마음을 정결케 하고 순수하게 유지할 준비가 되어 있다면 모든 것 —얻거나 행하려고 애쓰는 모든 것— 을 그분께 내려놓는 것이 복된 특권임을 확신해야 합니다. 내려놓는 모든 것만큼 우리는 그리스도의 모든 것을 경험하게 될 것입니다.

앞에서 우리는 내려놓음(내어드림 또는 포기)가 한 번에 이루어질 수도 있고 또한 평생에 걸쳐 이루어질 수도 있음을 보았습니다. 우리는 단지 이것을 생각하는 데서 그치지 말고 실제로 행하는 삶을 살아야 합니다. 예, 바로 오늘, 모든 것 되시는 그리스도께로부터 즉시로, 완전히 그리고 영원토록 우리의 모든 것을 포기할 수 있는 힘을 얻으십시오.

모든 것 되시는 성령님

모든 것 되시는 하나님과 그리스도는 필연적으로 성령님이 모든 것 되시게 합니다. 성령님은 우리 안에 내주하심으로 아들을 영화롭게 하고 아버지를 계시하는 사역을 하십니다. 만일 성령께서 모든 것이 되시지 않고 자신의 권능으로 모든 것을 가득 채우지 않으신다면 그분이 어떻게 이 일을 하실 수 있겠습니까? 성령으로 충만해지고 성령께서 우리의 모든 것이 되셔야만 우리는 진실하고 건강한 그리스도인으로 살 수 있습니다.

삼위일체로 계신 하나님께서 모든 것이 되셔야 한다는 진리를 올바로 깨닫지 못하기 때문에 오늘날 기독교가 크게 실패하는 것입니다. 심지어 신앙을 고백한 그리스도인들조차 자신의 정체성과 갈망, 기쁨과 행복을 찾는 일을 최고의 우선순위로 두길 잘합니다. 하나님은 그 다음 순위에 계셔서 우리의 행복을 보장해주시는 분으로 여깁니다. 하지만 하나님은 우리에게 처음이나 우선이 되는 것만을 바라시지 않습니다. 그분은 우리가 삶의 시시한 부분조차 그분의 거룩한 영광을 드러내시기까지 내어드림으로, 우리를 완전히 소유하기 원하십니다. 그런데 우리는 그런 사실을 깨닫지 못하고 있습니다. 그분이 우리의 모든 것 되심이 그분의 지고한 행복이 된다는 사실을 인식하지 못하고 있습니다. 이 땅에 계시면서 아버지의 뜻에 자신을 전적으로 내려놓았던 그리스도께서 우리 마음과 삶속에 거하시며 일하실 준비가 되었다는 사실을 모릅니다. 동일한 이유로 성령님이 우리 안에서 모든 것 되시며 충만히 채우실 필요가 있다는 사실을 우리는 온전히 이해하지 못하고 있습니다.

이러한 지적에 대해 조금이라도 동의한다면, 성령님께서 우리 안에서 모든 것이 되셔야 한다는 사실을 인정하기 바랍니다. 마음으로 이렇게 말하십시오. "저는 어떤 일도 제 마음대로 할 수 없습니다. 아주 작은 것에도 예외가 없습니다. 성령께서 저의 모든 것이 되셔야 합니다." 그리고 이 고백에 다음과 같은 생각을 더하십시오. "그리스도께서는 하나님의 모든 것을 회복시키러 오셨고, 성령께서는 우리 안에 계신 그리스도의 모든 것을 드러내러 오셨습니다." 사랑의 하나님께서 우리 안의 보좌에 들어와 앉기를 뜨겁게 갈망하고 계신다는 것을 기억하십시오. 그러면 우리의 마음은 아버지께서 성령의 충만함을 우리에게 허락하신다는 굳은 확신을 갖게 될 것입니다.

모든 믿음

"믿는 자에게는 능히 하지 못할 일이 없느니라"(막 9:23). "너희가 기도하면서 구하는 것은 무엇이든지, 이미 그것을 받은 줄로 믿어라. 그리하면, 너희에게 그대로 이루어질 것이다"(막 11:24, 새번역). 앞에서 살펴본 바에 따르면, 믿음이 왜 모든 것이 되는지 알 수 있습니다. 바로 하나님께서 모든 것 되시기 때문입니다. 우리는 아무것도 아니며 우리 안에는 선한 것이 하나도 없습니다.

다만 우리 안에는 하나님을 모셔들일 공간만 있을 뿐입니다. 우리가 믿음을 갖게 되었을 때 하나님께서는 우리 안에 하늘의 빛을 주시고 그것은 우리를 밝게 비춥니다. 그러면 우리는 하나님께서 우리를 위해 무엇을 하시려는지 알게 되고, 하나님 앞에서 잠잠히 머물며 그분께 문을 열어놓게 됩니다. 우리는 하나님께서 성령으로 말미암아 모든 일을 행하실 수 있게 우리를 내어 드립니다. 우리가 믿음을 계속 붙들수록, 모든 것 되시는 하나님과 그리스도가 우리 안에서 더욱 충만히 일하실 수 있습니다.

교회 안에서 이 "모든 믿음"은 거의 이해되지 않고 있습니다. 우리가 유일하게 해야 할 일이 있다면, 하나님 앞에서 자신의 영혼을 열어 놓아 그분이 우리 안에서 자유로이 일하실 수 있도록 하는 것입니다. 그렇게 하나님께서 일하실 것을 기꺼이 인정하고 기대하는 믿음을 가질 때 우리는 모든 것을 받아들이고 모든 것을 성취할 수 있습니다. 나의 무능함이나 죄와 마주칠 때에도, 하나님의 약속과 그것을 이루실 그분의 능력을 바라볼 때에도 우리는 하나님께서 모든 것을 행하실 수 있다는 믿음으로 인해 기뻐하며 깨어나야 합니다.

믿음의 눈으로 그리스도를 바라보며, 모든 죄를 버릴 뿐만 아니라, 주님을 우리를 정결케 하시는 분으로 모셔야 합니다. 그러한 믿음은 모든 것 되신 그리스도를 받아들이고 그분의 모든 것을 고스란히 얻게 합니다. 그러한 믿음은 성령님의 모든 것이 우리의 정당한 유산인 것을 알게 하고, 하나님께서 우리에게 충만한 축복을 주실 것에 대한 합당한 기대를 갖게 합니다.

하나님의 모든 것, 그리스도의 모든 것, 성령님의 모든 것은 측량할 수 없습니다. 또한 끔찍한 죄의 지배력과 그 권세 역시 제한을 받지 않습니다. 그러한 상황에서 우리가 모든 것을 하나님께 내려놓고 전적으로 그분을 위해 살고자 하는 결단이 확실하다면, 하나님께서도 우리를 위해 제한받지 않고 일하신다는 사실을 믿으십시오. 그러므로 "나를 믿는 자는 성경에 이름과 같이 그 배에서 생수의 강이 흘러나오리라"고 하신 것입니다.

결단하십시오

독자들이여, 바로 오늘 해야 할 일이 있습니다. 성령께서 말씀하셨듯이 "너희가 오늘 그의 음성을 듣거든 … 너희 마음을 완악하게 하지 말"(시 95:7-8)아야 합니다. 우리가 지금 당장 성령의 빛과 기쁨으로 흘러넘치게 된다고 약속하는 것은 아닙니다. 바로 오늘 우리가 아주 거룩해지고 진정한 복을 받은 것처럼 느낄 것이라는 약속도 못 드리겠습니다. 하지만 분명한 건 있습니다.

그리스도가 성령으로 말미암아 우리를 정결케 하고, 세례를 베푸시며, 충만케 하시는 분임을 받아들일 수 있다는 사실입니다.

그렇습니다. 오늘 우리는 성령님의 다스림 아래 영원토록 살아가기 위해 우리의 모든 것을 그분께 내려놓을 수 있습니다. 성령님의 모든 것을 우리 각 사람의 유산으로 인정하고 소유할 수 있습니다. 모든 것 되는 믿음을 받아들임으로, 그리스도가 성령님을 통해 우리 안에서 행하실 일들을 전적으로 믿으며 살아갈 수 있습니다. 그런 삶을 오늘부터 시작할 수 있습니다.

우리가 이 일을 해야 합니다. 꼭 그렇게 해야 합니다. 그분의 자비로운 보좌에 무릎을 꿇고 그렇게 하십시오. 이 책을 한 번 더 읽으면서 그리스도께서 우리를 위해 어떤 일을 하셨는지 깊이 생각해보기 바랍니다. 그리고 지금 이 시간 성령님으로 충만하게 채움을 받도록 자신을 빈 그릇으로 내어드리십시오. 하나님께서는 그분의 시간에 이 일을 우리 안에서 분명히 이루실 것입니다.

또한, 한편으로, 하나님께서 그분 편에서 준비하셔야 하는 일도 있습니다. 그분은 우리의 내려놓음을 열납하셨을 뿐만 아니라 성령의 충만함이 우리의 차지가 되리라는 확신을 우리 마음 가운데 심으실 준비를 마치셨습니다. 이 일을 행하시도록 그분을 기다리십시오.

마지막으로 귀를 기울여 주십시오. 모든 것 되시는 하나님께서 우리를 부르십니다. 모든 죄들도 우리를 부릅니다. 모든 것 되시는 그리스도께서도 우리를 부르십니다. 예수께서 요구하신 모든 내려놓음도 우리를 부릅니다. 모든 것 되시는 성령님과 그분의 피할 수 없는 요구, 그리고 그분의 영광이 우리를 부릅니다. 모든 믿음으로 사는 삶 역시 우리를 부릅니다.

오십시오. 와서 하나님의 사랑에 사로잡히십시오. 삼위일체 하나님께서 우리에게 모든 것이 되신다는 영광스러운 소식에 놀라 달아나지 마십시오.

잠잠하십시오. "나 같은 사람 안에서도 하나님은 모든 것이 되십니다"라고 마음으로 고백할 수밖에 없을 때까지 그분의 음성에 귀를 기울이십시오. 하나님께서 모든 것이 되시도록 자기의 생명을 아낌없이 내어드렸던 분, 그리스도를 오늘 새롭게 맞아들이십시오. 이 숭고한 목표를 위해 우리의 삶 전부를 버리십시오. 하나님께서는 그분의 성령으로 우리를 충만히 채워주실 것입니다.